Gallery Books
Editor: Peter Fallon
THE WATER HORSE

For Anne

Nuala Ní ~~Dhomhnaill~~

THE WATER HORSE

poems in Irish
with translations into English by

Medbh McGuckian
and Eiléan Ní Chuilleanáin

le gach deaghuí

Nuala Ní Dhomhnaill

Gallery Books

The Water Horse
is first published
simultaneously in paperback
and in a clothbound edition
on 28 October 1999.

The Gallery Press
Loughcrew
Oldcastle
County Meath
Ireland

ISBN 1 85235 232 9 (*paperback*)
   1 85235 233 7 (*clothbound*)

The Gallery Press acknowledges the financial assistance
of An Chomhairle Ealaíon / The Arts Council, Ireland,
and the Arts Council of Northern Ireland.

Clár/Contents

THE WATER HORSE

The Gallery Press acknowledges the editorial assistance of Liam Mac Cóil.

Bean an Leasa mar Shíobshiúlóir

Do shuigh Bean an Leasa
isteach in iarthar na cairte
is do dhún sí an doras.
'Féach i do dhiaidh ort'
a dúirt sí lem' fhear céile
a bhí ag tiomáint abhaile
tar éis lá crua oibre san oifig.

D'fhéach sé is chonaic
an bóthar lán suas d'earraí:
fístéipeanna, ceamaraí,
ríomhairí is rudaí,
'Cad chuige iad seo?' ar sé.
'Sin iad mo cholpa spré dhuit.'
'Gan tú mhórligint dom,
tá mo dhóthain agam cheana acu.'

'Féach i do dhiaidh ort,' ar sise arís
is nuair a d'fhéach sé thar a ghualainn
bhí an bóthar lán de chapaill mhóra,
capaill ráis is capaill oibre.
'Seo mo cholpa spré dhuit
is an dtaitníonn siad leat?' arsa mo bhean.
'Ní thaitníonn siad ná tusa ach chomh beag,'
is do choinnigh sé a shúile scamhaite
ar an roth tiomána.

'Féach i do dhiaidh ort,' ar sise
is dhein bean chomh breá dhi
gur thit m'fhear céile
i ngrá léi láithreach.
D'imíodar den mbóthar
is n'fheacasa ó shin é.

The Fairy Hitch-Hiker

The Queen of the Fairies
Sat into the back of the van
And closed the door.
'Look behind you'
She said to my husband
Driving home
After a hard day at work.

When he looked he saw
The whole road full of stuff:
Videotapes, cameras,
Computers and all,
'What's this for?' says he.
'My dowry to wed you.'
'Not to offend you,
I have enough of them already.'

'Look behind you,' she said again
And when he looked over his shoulder
The road was full of great horses:
Racehorses, ploughhorses.
'More of my dowry
And how do you like it?' she said.
'I don't fancy your dowry or you,'
He said, and kept his eyes
On the steering-wheel.

'Look behind you,' she said
And became so beautiful
That my husband fell
In love with her on the spot.
They turned off the road
And I haven't seen him since.

Bíonn sé ag tiomáint *juggernaut*
tré bhóithre iarthar Chorcaí
is an diabhal de dhalladh faoi.

Is dúirt bean liom go ndúirt
bean léi go mbíonn sé ag gabháilt timpeall
na tíre i dteainc mór groí,
na mionnaí beaga is na mionnaí móra
á stealladh aige deas is clé,
ag rá i measc rudaí eile go maróidh sé
mé fhéin, is na leanaí is a Dhaid
is Uachtarán na Mac Léinn.

Bhuel, tá mo lámhasa glan air.
É féin an leaid.
Deineadh sé pé rud ar bith is áil leis.
Táim saor air, *by* deaid.
Níl ach aon rud amháin le rá agam
is é á rá agam gan stad:
gurb í siúd atá á ghriogadh
chun na n-oibreacha seo ar fad.

He's driving a juggernaut
On the roads of west Cork
And he's the devil to drive.

And I heard on the grapevine
From a woman in the know
That he's raving around
The roads in this huge tank,
Cursing and swearing
Right and left
Inter alia that he's going to
Do for me, the kids and his old fella
And the President.

Well, I wash my hands of him.
He's the lad,
He can do what pleases him.
I've cleaned my slate.
All I have to say
Till the cows come home
Is that she's the one that started
The whole affair.

ENíC

Turas na Scríne

Nuair a thaibhsigh sí ar dtúis
ar an láthair bheannaithe
gan cíos, cás ná cathú uirthi
is gan cead nó míchead aici ó éinne,
bhraith sí an sioscadh is an cogar mogar;
míogadaíl cheart i measc na ndaoine.

Chuala sí ag caint le chéile iad
ar fónanna póca,
ag fiafraí don Té a bhí i gceannas
cad sa diabhal ba chóir dóibh
a dhéanamh léi.

'Lig di,' a chuala sí é ag rá thar n-ais.
'Ach níl eolas na slí aici ná fios ar fhaid an turais
ná aon chur amach dá laghad ar ord na ngnás.'
'Scaoil léi,' an freagra neamhleisciúil
uaidh siúd, 'Is file í, tar éis an tsaoil,
is bíonn eolas rúnda acu siúd go léir
ar cad is cóir a dhéanamh nuair a bhíonn an scéal doiléir.
Ní bheadh aon iontas orm mura mbeadh macasamhail na
      scríne
tógtha cheana féin istigh inti.'

Deineadh amhlaidh.
Thugadar fiú treoraí di ar an aistear.
Fear óg téagartha ab ea é, le malaí dubha,
is a ghruaig tarraicthe siar i bpónaí.
Ar dtúis do ghluais sé roimpi
go dtí gur chúngaigh an bóthar ina chosán caol.
Droichead ard maol a bhí ann, faoi mar a bheadh staighre.
Gach uair a leag an fear óg cos air, arís is arís eile
do caitheadh anuas den ndroichead é.
Ba é an bhrí a bhí leis seo, ar ndóigh,
nach raibh sé beannaithe a dhóthain le dul thairis.

Pilgrimage to the Shrine

When she showed up
At the holy place
Without pass, permit or laissez-passer,
Without let or hindrance,
She felt them whispering and huddling,
A flurry of talk in their midst.

She heard them talking to each other
On their mobile phones
Asking the Master
What the devil they ought
To do about her.

'Let her go on,' she heard him answering.
'But she knows neither the Path nor the length
Of the journey; she has neither
Ritual nor *Rationale*.'
'Let her pass,' was the instant reply
From the voice, 'She's a poet, it seems,
And all her kind have secret knowledge
That tells them what to do when the plot thickens.
It would not surprise me to find
She has a replica of the Shrine inside her already.'

So they obeyed.
They even gave her a guide for her journey,
A strong young man with black eyebrows,
His hair tied back in a ponytail.
At first he went before her
Until the road dwindled to a narrow path:
It was a high bare bridge built like a stairway.
Each time the young man put his foot on it, again and again,
He was thrown down from the bridge.
The meaning was, it seems,
He was not sanctified enough to make that crossing.

'Fan-se im' dhiaidh,' a dúirt sí leis sa deireadh.
'Tá sé díreach chomh maith agat.' D'fhan.
Ghaibh sí tríd mar a bheadh trí Caraibdís is Scille.
Ar dtúis bhrúigh na fallaí cloiche ar gach taobh
isteach uirthi. Bhí sé go hanacrach
is cheap sí ar feadh nóiméid go dteipfeadh
ar a misneach. Ach níor dhein
is do sháigh sí go láidir trí gach garbhóg cloiche díobh.

Ansan tharla a mhalairt; do scag na leacacha réidhe
is bhíodar chomh scáinte sin gur dhóbair go dtitfidís
as a chéile is go scéithfeadh an droichead go léir.
Ghaibh sí go héadrom is go mear tríd
is tháinig amach mar a bheadh os comhair teampaill
is staighrí sleamhaine suas chuige.
Ghlaoigh sí siar thar an bhfál ar a treoraí fir,
an strapaire a bhí fágtha ina diaidh aici,
'Cá ngabhfad anois nó cad a dhéanfad?'

Dúirt sé léi féachaint ar dheis
mar a raibh sórt sleamhnáin déanta de chlocha bána.
Bhí bean mheánaosta roimpi ann sa mbealach
is í trioblóideach; gach coiscéim a thóg sí
bhraith sí go raibh na leacacha ag madhmadh fúithi
idir é agus an chéad choiscéim eile.
'Ná bac san,' a dúirt sé léi, 'lean ort
agus tiocfaidh tú slán. Níl ins na samhlaoidí sin
ach meascán mearaí agus ré roithleagán',
mar is amhlaidh ab fhurasta léi anois an cosán.

Thuas ar chlé, i mbarr teampaill eile,
bhí aireagal beag maisithe
déanta de ruachloch gainmhe.

At last she said to him, 'Stay behind,
You might just as well.' So he stayed.
She passed as if by Scylla and Charybdis.
At first the stone walls crowded in on each side
Constricting her. She felt sick
And thought for a moment that her courage
Would fail her. But she kept on,
She pushed firmly through the rough stones.

And then the opposite happened: the smooth flags
   underfoot
Began to slide apart until it seemed
They would scatter, and the bridge fall away.
She went speedily, lightly across,
And emerged as if in a piazza before a temple
With steps of polished glass leading upward.
She called back through the wall to her guide,
The fine lad she had left behind her,
'Where do I go now, what do I do?'

He told her to look right
Where a sort of slide was made of white stones.
A middle-aged woman was in the way before her
Seeming in trouble, every step she took
It seemed as if the stones opened up
Between that step and the next one before her.
'Never mind,' she said, 'Go on,
And you'll be safe. These apparitions
Are only the fruit of headstaggers and storms in the brain,'
And indeed the path was easier to her now.

Up on the left, at the pinnacle
Of another temple, a little oratory
Was cut out of old red sandstone.

Bhí a fhios aici
gurb í an scrín seo deireadh na scríbe aici.
Bhí a fhios aici
gurb é seo cúis agus fáth a haistir.
Bhí a fhios aici, chomh maith,
nach dtiocfadh sí ann arís.

She knew
That this was the Shrine, the ending of her quest,
She knew
This was the seed and the fruit of her travel.
And she knew also
That she would never see that place again.

ENíC

Focail do Théama Bhranwen

Is bean mé a tháinig thar toinn
is a thug na mionnaí móra.
Do thugas grá d'fhear chomh breá
gur dhein sé gual den chroí im' lár,
dem' chroí gur dhein sé gual.

Le m'athair is lem' bhráthair féin,
do thugas leosan cúl,
do gaibhníodh mé i gcearta chrua
ar shoc inneonach le hord do buaileadh
ar son na gcearta crua.

Is tonn na taoide atá chomh hard,
an tuile atá gan trua,
ní mhúchfaidh is ní bháfaidh sé
an tine seo im' lár istigh
as seo go Lá an Luain.

Do bhladhm an lasair, do bhladhm an dé
gur choigil tine bhuan
is mo bhráthair féin do loisc mo mhac
de dheasca mionnaí móra
mo bhráthair féin do loisc mo mhac
ag freagairt dos na geasa crua.

Tá tine Shamhna istigh im' chroí
ag adhnadh ann go buan
is go Lá an Luain ní mhúchfar é
nó go ndéanfar díom smól dubh nó gual
go ndeintear díomsa gual.

CURFÁ   *Ochón, ochón is m'ochón ó*
        m'atuirse is fáth mo bhuartha,
        mo bhrón ar son na híobairte
        a bhí ormsa 'thabhairt.

Words for the Branwen Theme

I am a daughter of the ocean,
the oaths I swore were the strongest.
To a man so rare I pledged my devotion.
He singed my heart to a coal in my breast,
a cinder the heart in my breast.

I was forged in such a smithy of stone
I turned my heel on my own father.
I was beaten out till I left my own
by a sledge on an anvil, my own brother,
Civil Rights were my mother.

Nor can the tide at its highest crest,
nor its flood-force without control
drown or quench or sink or smother
this fire that kindles my very soul
from this day to the Last.

The flame blazed and the smoke flared
like a never-cooling oven
when my own brother destroyed my son
for the sake of those terrible vows.
My brother it was who murdered my son
on account of those Penal Laws.

An All-Hallows' furnace rages in me
which will stay alight forever
and will not be doused till time is severed
or I smoulder into a charred ember,
become a sliver of coal.

CHORUS *Alas that ever I was made*
my sorrow is like lead.
My grief for the sacrifice of dead,
and the price I have paid.

MMcG   21

An Prionsa Dubh

Taibhríodh dom in aois coinlíochta
i mo leaba chúng sa tsuanlios aíochta
go rabhas i halla mór ag rince
i measc slua mór de mo dhaoine muinteartha,
le prionsa dubh.

Timpeall is timpeall do ghaibh an válsa,
bhí míobhán ar mo cheann le háthas,
ba mhear é a shúil, bhí a fhéachaint fíochmhar,
bhí bua gach clis i lúth is in aicillíocht
ag an bprionsa dubh.

Ach do plabadh oscailte an doras sa tsuanlios,
do chling soithí níocháin, do lasadh soilse,
bhí bean rialta ramhar ag fógairt 'Moladh le hÍosa'
is do shuíos síos i lár an tsúsa is do ghoileas
i ndiaidh mo phrionsa dhuibh.

A dhreach, a mharc ní dhearmhadfad choíche,
a scáth ard baolach a bhíodh liom sínte,
mo bhuachaill caol in éag do mhill mé,
mo rí, m'impire, mo thiarna,
mo phrionsa dubh.

Is do m'iníon taibhríodh in aois a naoi di
gur oscail doirse in óstán draíochta
is duine éagsúil ag gach seomra acu á hiarraidh
is mar is dual máthar di (a chonách orm a thóg í) roghnaíonn
is toghann an prionsa dubh.

Is a iníon bháin, tóg toise cruinn dó,
ní maith an earra é, níl sé iontaofa,
is dúnmharfóir é, is máistir pionsa,
is sár-rinceoir é, ach cá ngabhann an rince
ach trí thinte ifrinn leis an bprionsa dubh.

The Ebony Adonis

At puberty I had a dream
in my all-too-single bunk in the school dorm,
of dancing the length of a public room
with the guts of my relatives looking on
in the arms of an ebony Adonis.

Round and round whirled the waltz
till my senses spun with joy
from the fiery, fierce glance of his eye.
Every achievement in fitness and sport
possessed my ebony Adonis.

Then the dormitory door caved in with a bang,
lights snapped on and wash-basins rang,
a well-fed sister was singing the praises of Christ,
and myself left amidst the bedclothes bereft
of my ebony Adonis.

His face and his touch I will never forget,
that high-powered shadow that with me slept,
that expert lover that spoiled me for dead,
my sovereign, imperial, absolute passion,
my ebony Adonis.

My daughter, in her turn, dreamed aged nine
of a door that led to a spellbound inn
where various chancers were coaxing her in
and, like mother like daughter, you'd know she was mine,
nothing would do her but the ebony Adonis.

Now, light of my soul, make no bones about it,
a no-good son-of-a-bitch can't be trusted,
with his murder record and black belt too,
this Lord of the Dance is headed where to?
Straight through the fires of hell, with the ebony Adonis.

Cuirfear faoi ghlas tú i gcás gloine iata,
nó faoi mar a bheadh doras rothlánach ina mbeifeá
   greamaithe
gan cead isteach nó amach agat ach an suathadh síoraí
soir agus siar tré phóirsí an tsíce
má ligeann tú a cheann leis an bprionsa dubh.

Nó beir mar a bhíos-sa i néaróis sínte
ceithre bliana déag, is mé spíonta le pianta
faoi mar a thitfinn i dtobar ar chuma Ophelia
gan neach beo i mo ghaobhar, ná éinne a thuigfeadh
toisc gur thugas ró-ghean do mo phrionsa dubh.

Nó gur shiúlas amach ar an nduimhche oíche duibhré
is dar an Mháthair Mhór is dar déithe mo mhuintire
a bhraitheas i mo thimpeall, do thugas móid agus briathar
go dtabharfainn suas an ní ab ansa liom ach mé a shaoradh
   ón bpian seo —
cén cás ach dob é sin mo phrionsa dubh.

Mar dob é an bás é, ina luí i luíochán
in íochtar m'anama, ins an bpaibhiliún
is íochtaraí i mo chroí, de shíor ar tí
mé a ídiú gan mhoill is a shá ins an duibheagán
mar sin é an saghas é, an prionsa dubh.

Mar sin, a mhaoineach, dein an ní a deir do chroí leat,
toisc gur ghabhas-sa tríd seo leis ná bíodh aon ró-imní ort.
Ní sháróidh an bás sinn, ach ní shaorfaidh choíche,
ní lú ná mar a aontóidh an saol seo le chéile
sinne, agus ár bprionsa dubh.

You'll end up closed in an exhibition case,
under lock and key, or caught as it were in a revolving
    doorway,
unable either to get in or get out for the swish
back and forth, night and day, through the porches of the
    psyche
if you give an inch to the ebony Adonis.

You'll be laid low as I was in a type of ME
at the dregs of a well like a sort of Ophelia,
tortured with symptoms for fourteen years
without a creature to speak to or a sympathetic ear
since I handed my cards to the ebony Adonis.

Till I walked out over the golf links to the moonless tide
and summoned up the Goddess and the spirits of my tribe
to gather around me, and I swore my solemn promise
to surrender what I loved most to exorcise the sickness —
all very well for a joke, except this was my ebony Adonis.

Who was all along Sir Death, lurking in ambush
in my womb's valleys, in the summer-house
and lowlands of my heart, forever alert
to decoy me into his desert, to destroy me in short,
being the ebony Adonis sort.

Still, my honeychild, since I've been there and done it,
you do your own thing and don't give a shit,
for Old Death will not get us, though he'll not let us go,
any more than this life will condone us
one kiss from our ebony Adonis.

MMcG

An tEach Uisce

Ar dtúis ba ina cuid taibhrí amháin
a thagadh sé chun luí léi.

Ansan lá
go raibh sí in ainm is a bheith ag aoireacht ba
i gCuaisín na gCaorach, (bhí sí ag léamh
The Old Curiosity Shop le Charles Dickens
is gan aon chuimhneamh aici ar bha ná a leithéid)
cad a chonaic sí ach na muca mara ina scuaine
amuigh sa chuan. Do gheit a croí:
is ann a cheap sí gurb iad na beithígh go léir aici féin
a bhí tar éis titim le haill go hobann isteach sa tsruth.
Cheap sí go bhfaigheadh sí leathmharú sa bhaile dá bharr
is do léim suas le teann líonrith agus uamhain
sarar thuig sí cad a bhí suas.
B'shin é an chéad uair a thaibhsigh sé chúichi ar an láthair.

Ina dhiaidh sin
tháinig sé arís is arís chúichi.
Ar dtúis b'ait léi an t-éadach aisteach a bhí air:
an lúireach, na loirgneáin cnámh éisc, is an cafarr,
na lámhainní fada déanta de chraiceann bradán is scadán.
Ní raibh aon oidhre eile air, dar léi, d'fhéadfá a rá,
ach carachtar neamhdhaonna éigin ó Bh-scannán —
'An Créatúir ón Lagún Gorm' nó fiú *King Kong*.
Ach nuair a bhain sé do an clogad a bhí ar a cheann
is chraith a mhoing bhreá ruainní anuas ar a ghualainn,
chonaic sí go soiléir ainsin gurbh fhear óg a bhí ann.

Ansan tháinig lá
gur chuir sé a cheann ina hucht.
Bhí na míolta móra ag búirthíl thíos fúthu faoi loch
is na muca mara ina dtáinte gléigeala mórthimpeall.

26

The Water Horse

At first it was only in her dreams
That he came and lay with her.

On the day
She was supposed to be minding the cows
In Sheep Cove (she was reading Dickens,
The Old Curiosity Shop,
And cows were the last thing on her mind)
She saw the porpoises flocking out in the bay.
Her heart almost stopped.
She thought they were her cows, all of them
Fallen at once from the cliff to the water.
She thought she'd get a hammering at home
And she had jumped up in her agitation
Before she saw what the bodies were.
That was the first time he appeared to her there.

And after that
He came to her again and again.
At first his clothing seemed so strange to her:
The breastplate, the fishbone greaves and the casque,
The long gloves made from the skin of eels,
His whole style recalling
The sub-human creatures from B movies:
The Creature from Sheep Cove, or an Irish cousin of
    King Kong.
But when he took the helmet from his head
And his fine horse's mane loosened on his shoulders
She saw clearly that he was a young man.

Then came the day
He laid his head on her breast.
The sea-creatures were hooting below them on the water
And the porpoises in shining troops around them.

(Sa tráthóna thiar
do chonaic daoine a bhí ar an gcnoc le ba iad.)
Is i dteanga éigin iasachta a thuig sí
cé nárbh fhéidir léi na focail a dhéanamh amach i gceart,
d'iarr sé uirthi a cheann a ghlanadh
is na míola a bhí ag crá an chinn air a chnagadh
lena hingne fada.

Do dhein sí amhlaidh.
Bhí sí ag portaireacht go bog faoina hanáil
is í á bhréagadh nuair a baineadh aisti an phreab
is gheit a croí uirthi; bhí dúlamán is duileascar cloch
ag fás i measc rútaí na gruaige aige.
Thuig sí láithreach cad a bhí suas
is nár mhaith an earra é. Ansan
nuair a bhraith sí barraí na gcluas aige thuig sí leis
nach ar Labhraidh Lorc amháin sa scéal
a bhí na cluasa capaill.

Cé gur bhrúcht brat fuarallais trína craiceann amach
do bhain sí míotóg amháin nó dhó nó trí
as a cromán is ní dúirt sí faic.
Lean sí uirthi ar feadh an ama ag cíoradh a chinn,
ag crónán is ag portaireacht,
ag gabháilt de shuantraithe is de ghiotaí beaga amhrán,
á bhréagadh is á mhealladh de shíor chun suain.
Ansan nuair a bhraith sí faid osnaíle
ag teacht ina anáil,
do scaoil sí snaidhmeanna a haprúin
go cúramach is go mear

(Later in the evening
They were seen by people out after cows on the mountain.)
And in a foreign tongue she understood
Though she could not properly make out the words,
He asked her to comb his hair
And crush with her long nails
The creatures that were pestering his head.

She did what he asked.
She was humming softly under her breath
Soothing him, when she got the fright
That stopped her heart again: seaweed and rock dillisk
Were growing among the roots of his hair.
She guessed at once what was going on
And that it was bad news. Then
When she felt the tips of his ears she knew
That not only Labhraidh Loirc in the old story
Had ears like a horse's ears.

Yet although the cold sweat was running down her skin
She gave herself a pinch in the thigh
Or two or three, and said nothing.
She went on combing his hair the whole time
Humming and murmuring
Lullabies and scraps of songs
To soothe him and beguile him into sleep
And then when she heard his breathing
Changing to the sighs of a sleeper
She undid the strings of her apron
Gently and quickly

is thug dos na bonnaibh é.
Rith sí ins na tréinte tríd an bhfaill
go tigh a muintire. Ar dtúis
is slaod gibirise amháin i dtaobh rútaí feamnaí
is cluasa capaill a d'eascair as a béal. Ar deireadh
nuair a tuigeadh le deacaireacht agus faoi dheoidh
do lucht an tí cad a bhí á rá aici, d'aithníodar láithreach
is ar an bpointe boise gurb é an t-each uisce é.
D'éiríodar is d'fháisc suas orthu a gcuid balcaisí,
a bhfearas airm is a n-éide catha,
is ritheadar amach ina mbuíon armtha
ar tí a mharaithe.

Bhí seans léi, a dúirt na héinne, ina dhiaidh san.
Bhí, agus gur dhóbair di — aon bharrthuisle amháin,
aon ghníomh ar bith ceataí is bhí sí ite aige,
scun scan, beo beathúch, cnámha agus uile.
Trí lá i ndiaidh na tubaiste
seans go mbeadh a hae, an dá scámhóig aici is na duáin
le piocadh suas acu ar bharra taoide.
B'shin an sórt ainmhí é.
B'fhíor dóibh, do thuig sí san.
Mar sin féin do luigh imeachtaí an lae úd
go trom uirthi.
Do shuigh sí síos ar fhaobhar na faille
lá i ndiaidh lae eile

is í ag cuimhneamh ar loinnir uaithne
na súl bhfiarsceabhach aige a d'fhéach uirthi le fonn
a bhí chomh simplí san is chomh glan, folláin,
ina shlí féin le hampla ocrais;
drithle rithimeach na ngéag donn
is conas a chaolaíodar ina riostaí cúnga
ag rí na láimhe aige

And she ran for it,
She made it up the cliffs in a flash
To the house of her people. At first,
All they could get from her was a streel of nonsense
About seaweed roots and horse's ears. At length,
When her people at home had laboured to make out
The meaning of what she was saying, they knew at once
Right on the spot that it was the water horse.
They rose up and put on their clothes,
Their battle-gear and took their weapons,
And out they went as an armed patrol
To find and kill him.

Afterwards they all said she was lucky.
She was, and it was a near thing; one slip,
One step awry and he'd have swallowed her,
Right down, live and kicking, blood and bones.
Three days after the event
They might have found her liver, a couple of lungs and
    kidneys
Picked up around the high-tide mark.
That was the sort of beast he was.
It was true for them, she knew it.
And yet she felt the story of that day
Lie heavy on her.
She'd sit there on the cliff edge
Day after day.

And she thought about the green gleam
In the strange eyes that had looked at her with desire,
That was as simple, clean, clear
In its own way as a hearty hunger;
The rhythmic shining of his brown limbs
And how they narrowed to slim wrists
And the shape of the hands.

Thar aon ní eile do chuimhnigh sí ar mhatáin
iallaithe a choirp a bhí chomh haiclí
is chomh teann le bogha i bhfearas. An teannas
a bhí ann, mar a bheadh sprionga tochraiste
a bheadh ar tinneall i gcónaí
is réidh faoi bhráid a athscaoilte.

More than all else she remembered the muscular
Weave of his body that was tense
And light as a tightened bow. The spring
Wound up, alert, constantly
Ready to be released again.

ENíC

Stigmata

Cé scaoil ar dtúis
isteach im' thigh
an bás dorcha, an sciathán leathair?
Cé dúirt os íseal
faoina smig,
'mo thiarna is mo mháistir'?

Cén lúb ar lár,
cén cnag sa chlár,
cén ribe scoilte
gur ghaibh sé tríd?
Cén siúinéir diabhail
a d'fhág an dual
ar leathadh i bpainéal istigh?

Tá mus cumhra óna bhéal.
Tá flós fómhair ina bholadh.
Tá milseacht shiúcra ina anáil
á leathadh
ar fuaid an tseomra.

Mar dhá ghrian dhearga
ag dul faoi
ag íor na spéire
faoi scailp cheo
a shúile dearga im' thaibhrí
ag cur srutháin oigheartha
trí mo bheo.

A theanga ag monabhar go bog
ag sioscadh ar an dteileafón.

Devil's Tattoo

Who fired first
into my household
the black death
of the leather bat-wing?
Who breathed low-voiced,
'My Lord and my God'?

Who dropped the stitch
that weakened the chain
that split the hair
that opened the loophole?
A curse on the joiner
that plied the board
that contained the knot-hole.

His mouth has the smell
of musk, his body
of autumn flowers.
A sweet gas
dissolves from him
through the room's air.

His eyes burn a sunset
in a horizontal smokescreen,
ice-water through
the veins of my dream.

The tip of his tongue
down the brush of the telephone
lassoes my nape.

Laistiar dem' ghualainn braithim rud
am thimpeallú is éiríonn romham
mar philéar tine ins an oíche,
mar cholún deataigh ins an ló.

Is anois don gcéad uair tuigim
fáth mo lagachair ar maidin.
Cuardaím leath i nganfhios dom fhéin,
rian na bhfiacal ar mo mhuineál
is tagaim ar ghiotaí páipéir
scriobláilte cois na leapan.

A pillar of cloud
pulls me by day,
a pillar of fire by night.

Till my morning sickness
dawns on me for the first time:
why half-dead groping
for his love-bites on my neck,

I come across these scraped on
paper scraps that were my sheets.

MMcG

Muintir m'Athar

Táim faraibh i gcónaí, a mhuintir m'athar,
ar fhleaigí fuara na cisteanach ar maidin is é fós dorcha,
ag feitheamh le céadghlaoch an choiligh is sibh coslom-
    nochtaithe
chun go scaipfí na púcaí is go bhféadfadh sibh dul amach ag
    obair
ar thalamh chomh bocht ná cothódh sé ach brat breá
    naoscach.
Fós níl de rogha agaibh ach leanúint oraibh ag plé leis.
Saint chun an tsaoil is barr ampla a choinníonn ag imeacht
    sibh.
'Cíos do thiarna nó bia do leanbh,' an gháir chatha agaibh.

Mickey the Skinner, a cuireadh amach ar thaobh an bhóthair
le linn Chogadh na Talún. Thóg na comharsain bothán fóid
    dó
go bhfuil binn dó le feiscint fós le hais Droichead Ghleann
    na hUaighe.
Aon sórt stoic a chuireadar isteach ar an dtalamh air gearradh
    na speireacha díobh.
Tar éis seacht mbliana tháinig a chás suas in Assizes Thrá Lí
is shiúil sé an sé míle fichead éigin slí isteach ann ina bhróga
    tairní
is phléideáil a chás féin i mBéarla, ceal airgead aturnae,
is bhuaigh. Fuair locáiste mór sa chíos — dhá phunt in
    ionad sé in aghaidh gach cion bó d'fhéar.

Is a athair roimhe sin arís, ar a dtugaidís Seán na mBan,
gur thit an t-anam as a chléibh is é ag obair amuigh sa ghort.
Tháinig an cróinéir amach lena phónaí is trap
ó Chaisleán Ghriaire, thug aon fhéachaint amháin air
is dúirt 'Seo corp fir deich mbliana is trí fichid.'
'Ní hea,' a dúirt na comharsain, 'ní raibh ann ach an leath-
    chéad.'

My Father's People

I am still with you, my father's people,
On the cold flags of the kitchen before dawn of day,
Waiting for the cock's first cry, barefoot on the cold stone,
Waiting for the ghosts to scatter so you can go out and start
  working
Earth too poor to feed you, a living fit for snipe —
But what choice have you but to go on hammering at it,
What keeps you going but a taste for work and the sharp
  edge of struggle,
The proverb your war cry, 'Rent for a landlord or food for a
  child'.

Mickey the Skinner was put out on the side of the road
During the Land War. The neighbours built him a cabin of
  sods;
The gable is visible yet beside the bridge of Gleann na
hUaighe.
Cattle were put on his farm, their leg-tendons were slit in
  the night.
After seven years his case came on at the Assizes in Tralee
And he walked the whole twenty-six miles in there in his
  nailed boots;
He couldn't pay a lawyer, he pleaded his own case in
English
And won. His rent was slashed from six pounds a cow
down
    to two.

And his father before him again, that they called Seán of the
  Women,
Who fell down dead as he worked out in his field.
The coroner came along driving his pony and trap
From Castlegregory, took the one look at him
And said, 'This is the body of a man seventy years old.'
'No,' said the neighbours, 'he was only fifty years of age.'

'Is cuma san,' a dúirt an dochtúir, 'pé méid aoise é, seo corp
seanduine.' É ídithe amach ag an anró, an fuacht agus an
fhliche.

A mhac ansan ina dhiaidh, Seán Caol, an máistir scoile,
níor shailigh sé a lámha riamh le haon obair feirme.
Do chaith sé siúd a laethanta i mbun gaiscíocht meabhair is
éirime:
ag múineadh gramadaí nó ag réiteach cruacheisteanna
ailgéabair is céimseatan.
Léann is oideachas a bhíodh de shíor á thaibhreamh dó
is carraigreacha Béarla i gceannaibh na ndaltaí á ndingeadh
aige.
Thuig sé nach mbeadh de spré nó de mhaoin an tsaoil acu
ach oideachas maith is iad ag tabhairt faoin mbád bán go
Meiriceá.

Fuaireadar baisíní teo uaidh, do chuir sé ag rince gan ceol
iad
le hoiread greadadh den tslat go bhfuil sé mar nath fós acu
thall i mBostún Mheiriceá, le héinne atá neamhghéar nó dúr,
'is furasta a aithint nár chaith sé siúd seal le Caol'.
Bean mhín mhacánta is dathúil ab ea an bhean a phós sé,
Nano Rohan, ach más ea, is olc an íde a fuair sí uaidh.
Sé fhocal beo a bhíodh riamh ina phluic ar maidin aige di:
'Water, towel, soap, pinstuds, breakfast at eight' agus
'Polish me boots'.

An aon ionadh mar sin gur thug a mhac féin gráin is fuath
dó,
Graindeá a chuaigh sna hÓglaigh chun éaló uaidh,
is ó Choláiste na nGael i bPáras mar ar cuireadh é le sagart-
óireacht.

'No matter,' said the doctor, 'whatever age he was, this is an
    old man's body' —
Worn out with perpetual labour, with the wet damp and
    the cold.

His son after him, Seán Caol the schoolmaster
Never soiled his hands with any kind of farming work.
He spent all his days in the struggle with heroic tasks of the
    mind:
The teaching of grammar or solving enormous algebraic or
    geometrical problems.
Learning and teaching were his eternal preoccupations,
And hammering mountains of English into the heads of his
    pupils.
Well he knew that all their portion and capital for life
Would be sound learning, as they faced the emigrant ship to
    America.

He warmed their hands, he made them dance without
    music,
He wielded his stick so memorably that at this day
in South Boston they say of anyone slow or ignorant,
'Easy to see he never spent any time with Seán Caol'.
He married a beautiful, gentle, pleasant woman,
Nano Rohan, but if so she had a hard time with him.
Six living words in English was all she'd get from him in
    the morning:
'Water, Towel, Soap, Pinstuds, Breakfast at eight' and 'Polish
    me boots'.

What wonder then that his own son couldn't stand him,
My Grandad, who joined the Irish Volunteers to get away
    from him,
And from the Collège des Irlandais in Paris where he was
    supposed to be studying for the priesthood.

Níor fhéad sé filleadh abhaile go ceann tríocha bliain go
    dtína athair.
San eadarlinn dhein cigire scol dó go mór i gcoinne a nádúir.
Fear soilbhir cneasta nach raibh gan a thaobh dorcha —
íota óil is babhtaí a mhair uaireanta ar feadh seachtaine.
Fear a scrígh filíocht dhorcha lán de lionndubh is féin-
    tharcaisne.

Eilí, an t-aon deirfiúr a bhí ar domhan aige,
ní raibh eagla uirthi roimh dia, duine ná ainmhí.
Gan ach aon namhaid amháin aici sa tsaol, go dtitfeadh an
    chaor thine
anuas ar an dtigh uirthi. Bhí slat tintrí déanta de luaidhe
    síos fan simléir na binne aici
go raibh leithead muinéal fir ann. Is cuimhin liom go bhfaca
    féin é.
Aon lá go mbíodh sí ag trampáil timpeall an tí, ag feadaíl
le teann mioscaise is drochmhianaigh, níor ghá dos na leaids
    óga
ach féachaint suas sa spéir is a fhógairt go raibh toirneach air

is bhí sí thíos ar a glúine ag guí is ag urnaí chun na
Maighdine
    Muire
is uisce coisreacan á stealladh ins na ceithre cúinní aici
agus suas ar fhrathacha an tí. Mo dhiachair is m'atuirse dian!
An aon ionadh mar sin nuair a bhuaileann an speidhear
    obann mé
is gach lá go n-éirím as an leaba is mé chomh mallaithe
le beach, is gach cic agam ar an gcat is ar an madra,
(nach bhfuil againn) — tánn sibh faram i gcónaí, a mhuintir
    m'athar
sa chistin dhorcha, ag feitheamh leis an mhaidin.

It was thirty years before he could face going home to his
    father.
In the meantime he became an Inspector of Schools, much
    against his nature,
A kind, gently-spoken man (who had his dark side too,
A thirst for drink that could take him on the tear for weeks)
— A man who wrote dark poems full of gloom and self-
    loathing.

Eily, the one sister that he had in the world,
Was afraid neither of God nor man nor beast.
Her one terror on earth was the lightning would strike
The house, and she in it. She had a lead lightning-rod down
    through the chimney
As thick as a man's neck. I remember seeing it myself.
Any day that she would be raging round the house,
    whistling
With fury and bad temper, the boys needed only
To look up at the sky and suggest that there might be
    thunder

And she was down on her knees praying, beseeching the
    Blessèd Virgin,
Dousing the four corners of the house with holy water
And the rafters too.
                    What an inheritance for me,
What wonder then that when the fit strikes me
And I get out of bed as vicious as a bee
Fit to kick the cat and the dog if we had either,
That I feel my father's people are still with me
In the dark kitchen, waiting for the dawning day.

ENíC

Eithne Uathach

An chéad bhean a luaitear
i mórshaothar Chéitinn
'Foras Feasa ar Éirinn'
d'itheadh sí leanaí

óir 'do bhí ar daltachas
ag Déisibh Mumhan:
agus do hoileadh leo
ar fheoil naíon í',

chun gur luaithede
a bheadh sí in-nuachair
de bharr gur tairngríodh
go bhfaighidís talamh
ón bhfear a phósfadh sí.

Seans go bhfuil sí fós á dhéanamh.
Nó cad déarfá
le Seán Savage, Máiréad Farrell
agus Dan McCann?

Eithne the Hun

The earliest woman to be cited
in that mighty tome of Keating —
The Growth of Learning in Ireland —
figured children were for eating.

She'd been fostered out, seemingly,
with the Decies tribe of Munster
who reared her on a diet
of the fatted flesh of youngsters

so as to bring on her menarche
before she was well ready
and get land they were promised
out of the blade who might wed her:

but the lamb must still be waiting
to be led to the altar
by the mess they've just made
of those three in Gibraltar.

MMcG

Margadh na Gruaige

An raibh tú riamh ag margadh na gruaige?
Tá sé thíos ar dheis láimh le margadh na n-éan.
Caitheann tú triall go mall tré ghréasán de shráideanna
     cúnga
i mbaile beag Francach a bhaineann leis an Mheánaois.

Tá gleo is clampar ann is hurlamaboc.
Ceantálaithe ag glaoch amach os ard,
an praghas is airde á fhógairt acu go rábach,
iad ag díol is ag ceannach, ag cantáil ar gach slám.

Is chífidh tú trilseáin dualach' dualánach'
ag sníomh go talamh ann ina slaodaibh mín nó borb.
Cúilí réamhrá dho á n-ionramháil le racaí;
giollaí á cíoradh, banláimh i ndiaidh banláimhe.

An raibh tú riamh ag margadh na gruaige?
Do chuas-sa ann liom fhéin aon uair amháin.
Do gearradh díom m'fholt rua ó bhonn na cluaise
is díoladh ar phraghas ard é le sabhdán.

The Hair Market

Did you ever go to the Hair Market?
It's down on the right-hand side of the Bird Market.
You have to thread slowly through narrow streets
In a little medieval town in France.

It's there you'll hear the noise and fuss and uproar,
The auctioneers shouting over their megaphones,
Screaming the highest bid at the top of their voices,
Buying and selling, cutting deals at every turn.

And it's there you'll see plaits and chignons and ponytails
Flowing smooth or curling from ceiling to floor,
Heaps of tresses raked and teased out,
Servants combing them, armslength after armslength.

Were you ever in the Hair Market?
I went there once myself on a certain day.
They cut my long red locks close to my skull,
And sold them to a Sultan for the best price of all.

ENíC

'Fhir a' Bháta

Nuair a d'fhágais
do churachán coirt bheithe
taobh leis an dtoinn
ag cur ceangal
lae is bliana uirthi
i gcás ná beifeá riamh uaithi
ach aon uair a' chloig amháin,

do chuiris dhá théad i muir
agus téad i dtír uirthi
in áit nach raibh
tonn dá bualadh,
gaoth dá luascadh,
grian dá grianscoltadh
nó fiú préacháin an aeir
ag déanamh caca uirthi.

Tú féin a bhí tar éis
í a thógaint ó bhonn,
ag saoirseacht ar bhalcóin
do thí samhraidh,
ag fí meathán agus tuigí dearga
i bhfráma naomhógach.
D'aithníos láithreach tú
is thuig an gaol
nach féidir a shéanadh
a chuirfidh orm an doras a dhúnadh
amach anseo
le hosna thuirseach.

Is dála an phailnithe tré uisce
a imíonn ar lus na ribín
mar a scaoiltear aníos na blátha fireann
ó íochtar an duibheagáin

'Fhir a' Bháta

When you left
Your light boat of birchbark
Beside the wave
Putting a binding
Of a year and a day on her
Though you planned to be away
For only an hour,

You laid two cords on the sea
And one on land
In a place where no
Wave would beat her,
Wind would shake her,
Sun would burn her,
Or even crows flying
Could shit on her.

She was your own
Made from the start, you
Lounging on the terrace
Of your summer home
Weaving red stripes
In the shape of a boat.
I spotted you at once,
Felt the core kinship
That will not be denied
So that since then
When I close the door
I sigh wearily.

So, like the pollen on water
That travels on ribbonweed —
The male flower shoots up
Out of the dark water

is go snámhann na staimíní lastaithe
le gráinníní troma pailín,
iad á gcumhdach ó uachtar an uisce
ag báidíní beaga pontúin
na bpiotal,

seol, a bhuachaillín,
seol do bhád
isteach sna trí phiotal gléineacha
atá im' chroí im' lár.

And the stamens float, loaded
With small grains of pollen,
Kept from the water
By little pontoon boats,
The petals —

Sail in, my lad,
Sail your boat
In between the shining petals
In my heart, in my core.

ENíC

Teacht an Dé

Sileann an fhoinse bheannaithe i gclós na mainistreach.
Scinneann an sciathán leathair tríd an aer.
Ólaimíd rogha gach dí is raidhse fíona.
Stopann lámh an naoimh orainn na saigheada.

Ar fhaobhar mo radhairc, ar fhaobhar samhlaíochta,
braithim an pantar breac ag teacht inár ngaobhar.
Siúlann sé isteach sa tseomra ar lapaí tostmhara
is ólann sé a sháith den bhfíon. Tá faobhar

na bhfiacal fós faoi cheilt aige go daingean.
Tá na liodáin coinnithe go ciúin i dtruaill.
Luascann a eireaball idir scáil is loinnir,
ag tonnaíocht gan mhairg idir beatha is bás.

Is a Dhé a thaibhsíonn leis i gcló an tairbh,
nó mar nathair mhór ag tionlac' slua na marbh,
níl agam réidh faoi do dhéin mar íobairt dhóite
ach m'anam féin, ar tinneall ar bhruach na póite.

A God Shows Up

The sacred fountain sprinkles the monastery cloister;
a bat startles the air. We are tossing back
a wine-taster's finest blends, his choicest,
the saintly hand parries every attack.

On the edge of my eye, at imagination's quick,
I sense the spots of a panther drawing close —
he pads through the chamber on silent paws
to drink his stomachful of wine; the prick

of his toothblade is still safely under wraps,
his foreclaws relaxed in their sheath.
Though he flexes his tail in light and dark gaps,
flickering indifferently between life and death.

And I've nothing to offer in oblation
to this god who can also show up as a bull
or a snake-like monster-escort for the departed
but what's left after a pub-crawl of my soul.

MMcG

Bahaemót

Marbh, mar is gnáth, ages na pianta cnámha,
cuirim mé féin, i gcomhair an lae, i gcionn a chéile.
Cos a chur fúm anseo, uille a fhilleadh ansiúd,
smoirt péinte faoi na malaí is sáim cúpla biorán
gruaige isteach im' mhothall gliobach fiarsceabhach,
doicheall orm fiú mo cheann a réiteach.

Is tosnaím, gan mhoill, ar an obair throm mhalltriallach
dhuaisiúil, haiceálta sin gur chuige seo, ní foláir,
a cuireadh ar dtúis ar an saol mé.
Leis an scuab bheag phlaisteach sin go ndeinim
ar laethanta maithe, im leáite a chimilt ar an bpéistrí,
nochtaim go cúramach as an ngaineamh fliuch, de réir a
    chéile,
le foighne na feithide, le síordhúthracht na seangán,

le súil ghéar an tsealgaire, le héisteacht na muice bradaí,
gach re 'uff' agus 'puff' asam, gach re seal ag eascainí,
imlínte pianmhara ár n-imeagla, fráma tagartha na sceimhle
a fhágann chomh minic ar lár sinn, in umar na haimléise.
Ba dhóigh leat ar dtúis air gur creatlach báid é, sórt
Sutton Hoo ár muintire, ach is gearr go nochtann ina chan
    ceart
Bahaemót an tSeana-thiomna, arrachtach na bhfinscéal.

Behemoth

A martyr this morning, as ever, to cramps and pains
I organise myself to face the day.
I show a leg, put my shoulder to the wheel,
Daub paint on my eyelids and stick a couple of long
Hairpins in my desperate mane to hold it —
Too much trouble even to brush my hair.

I start on the spot on this heavy, sluggish,
Difficult, heartbreaking work, the reason no doubt
I was first put on the earth.
I take the same little plastic brush that I use
On good days to spread melted butter on pastry.
And gradually lay bare with insect patience,
Sifting away like an ant, with a hunter's eye, or

The sharp ear of a trespassing pig, alternately huffing
And puffing and effing and blinding: in the wet sand,
The painful lines of our horror, the boundaried frame of
fear,
That lays us low so often in the bogs of despond.
You'd take it at first for a boat's skeleton, a kind
Of Sutton Hoo for our people, but soon its true shape
    appears:
Biblical Behemoth, the monster of all the old tales.

ENíC

Peirsifine

Ná bí buartha fúm, a mháthair,
is ná bí mallaithe,
cé go n-admhaím go rabhas dána
is nár dheineas rud ort,
gur thógas marcaíocht ón bhfear caol dorcha
ina *BhMW*,
bhí sé chomh dathúil sin, is chomh mánla
ná féadfainn diúltú dhó.

Thug sé leis ar thuras thar sáile mé
thar raon m'aithne.
Bhí an gluaisteán chomh mear chomh síodúil sin
gur dhóigh leat go raibh sciatháin faoi.
Gheall sé sról is veilbhit dom
is thug sé dom iad leis.
Tá sé go maith dhom — ach aon rud amháin,
tá an tigh seo ana-dhorcha.

Deir sé go mbead i mo bhanríon
ar chríocha a chineáil,
go ndéanfaidh sé réalt dom chomh cáiliúil
le haon cheann acu i Hollywood.
Tugann sé diamaintí dom is seoda chun mo thola
ach tá an bia gann. Anois díreach
thugadar chugham úll gráinneach. Tá sé craorag
is lán de shíolta ar nós na mílte is na mílte

braonta fola.

Persephone Suffering from SAD

Now don't go ringing the cops,
Mum, and don't be losing the bap:
I admit I was out of line
and over the top
when I hitched a ride
with that sexy guy
in his wow of a BMW.
But he was such a super chat-up
I couldn't give him the push.

He booked us a foreign holiday
no travel agent runs —
his car so jet-propelled with revs
the engine soared on wings.
He said he would buy me velvet gowns
and satin underthings,
and his credit's fine. He leaves
me space, though I'd have to say
there's not much light in the place.

He's signing me the title deeds
to all his stately homes.
He's for putting my name in lights
as a star on the silver screen.
He has me flooded with rings
and pearls, but the menu's pretty thin —
I've just been served a pomegranate:
it's crimson, dripping with seeds —

a veritable *Céad Míle Fáilte* of drops of blood.

MMcG

An Snag Breac

A mheaig, a shnaig bhric
is mór é do chreach
ar na héanlaithe beaga.

Chonac tú sa sceach
i mbun na gcaislín cloch
ag cur scaipeadh na mionéan orthu.

Chuais tríothu is tharstu
is fúthu is sa deireadh
níor fhág tú oiread is gearrcach acu.

I gclaí an mhóinéir
bhí nead ag an gcoinnleoir óir
is do chuiris an ruaig air,

mar a chuiris an teitheadh
ar an dá lasair choille
a neadaigh sa bhfiúise,

is níl an Diairmín Dreoilín
ina chodladh sa chlaí
saor ód' bhradaíocht bhorb

ná an Siobháinín Bhuí
ar a saoire i gCiarraí,
ar a n-imríonn tú cos ar bolg.

Ach rud is measa liom ná san
an chéirseach is an lon
curtha ó mhaith im' ghairdín cúil.

Ten Ways of Looking at a Magpie

Magpie, your black and white
has put to flight
every bird smaller than yourself.

The hawthorn has caught you at
your work among the stonechats,
breaking up their meeting.

Beneath them you flew,
over and under and through,
till you left them not even a nestling.

In the meadow's edge
the linnet kept its eggs,
but you drove her from the bushes

as you have driven since
the pair of goldfinch
that had settled in the fuchsias.

Nor is the tiny goldcrest
safe in its nest
from you rudely pilfering the hedge;

and you come the heavy
with the yellowhammer
on its day out in Kerry.

But worse than all of them
the blackbird and his hen
you put out of action in my back garden.

Is sé do ghágarlach fiain
ag bodhradh mo chinn
buile mhaise do mhasla,

a bhullaí mór éin;
báiléaraí, fear tréan,
an mheaig, an snag breac.

And it's your infernal din
that really does my head in,
you bullyboy without pardon,

your crowning glory of abuse,
whether bailiff or terrorist,
foulmouthed, two-faced magpie.

MMcG

Plútóiniam

              a tugtar air
iseatóp dainséarach radaighníomhach
is ar theampall Dia Ifrinn.

Tá's agam, bhíos ann.
I Hieropolis, an chathair bheannaithe,
láimh le Pamukkale na Tuirce,

tá an teampall, nó an poll
faoin dtalamh, an t-aon cheann
a mhaireann ón sean-am.
Níl cead isteach ann.

'Dikkat, girilmez.
Tehlikeli gaz var'
a fógraítear dúinn go dóite.

Ba leor san domhsa.
Thugas as na bonnaibh é
chomh maith is a bhí sí ionam

a rá gurb olc an áit
a thug mo chosa mé
is a chonách san orm!

Fós in aimsir Strabo
bhí sagairt ann — na gallí —
imithe chomh mór san i dtaithí

na scamall nimhe go siúlaidís timpeall
beag beann ar a n-impleachtaí
is na daoine ag titim ina bpleistí
fuar marbh ar gach taobh dóibh.

Plutonium

is what they call
a dangerous radioactive isotope,
also the name of the temple of the Infernal Gods.

I know, I've been there.
In Hieropolis, the holy city
near Pamukkale in Turkey,

The temple, or the hole,
Is underground, the only one
Remaining from the ancient days.
Entry is forbidden.

The grave warning read:
'*Dikkat, girilmez. Tehlikeli gaz var.*'
'No admission. Dangerous gases are found here. By Order.'

That was enough for me.
I fled away as fast
As my feet could carry me,

Damning the place
And my curiosity
And my feet that brought me there.

Still in Strabo's day
The eunuch priests, the *Galli*,
Were so practised in breathing the poisonous clouds

That they could walk freely
Not caring for the deathly atmosphere
While people fell down in flocks
Dead on every side.

Ba mhór an *power* é.
Ba mhór an chabhair é
chun greim docht daingean an uafáis
a dh'agairt ar an bpobal áitiúil.

É seo go léir dearmhadta
is imithe as mo cheann
gur chuala casaoid íogair
mo dhuine muinteartha
san ospidéal meabharghalair.

'Áit Phrotastúnach é seo.'
'Cá bhfios duit?' 'An tslí
a bheannaíonn siad duit
no *ná* beannaíonn siad.'

Catshúil faichilleach thairsti aniar —
'Tá siad ag iarraidh mé a chasadh,
tá's agat. Teastaíonn uathu
go dtabharfainn diúltú dom' chreideamh.'

An bhean bhocht.
Do leath mo bhéal orm
is dhein dhá mhórúilí groí
dem' shúile.

Nó níl sé fíor
is ní raibh sé riamh
le linn a marthain féin
nó le linn saol dhá ghlúin
a chuaigh roimpi.

It was a terrible power —
It was the power of terror
That kept the grip of dread
Firmly on the local people.

And I had forgotten it all,
Cleared it from my memory,
Until I heard a mad line
From one of my family
In the Mental Hospital.

'This is a Protestant place, you know.'
'How would you know?' 'It's in the way
They say hello to you,
Or say nothing.'

A catlike glance, alert, over her shoulder —
'They want me to change over,
You see. That's what they want,
Me to deny my faith.'

Poor woman —
My mouth fell open,
My eyes were wide
As millstones.

There's no truth in it
Nor has there ever been
In her lifetime
Nor in the two
Generations before hers.

Ach b'fhíor dó tráth
le linn an Ghorta Mhóir
nuair a bhí an 'Irish Missionary Society'
go láidir i mbun gnímh
go háirithe i gCeann Trá.

Seo radachur núicléach na Staire
ní foláir. Fuíoll maraitheach
an drochshaoil is Ré na Súpanna.

Éiríonn sé aníos i gcónaí
is de shíor
ón nduibheagán do-aitheanta
átá istigh ionainn.

Gal bréan an ocrais,
an deatach nimhe
ón bPlútóiniam, teampall
uafar Dia Ifrinn.

But it was true once
During the Great Famine
When the Irish Missionary Society
Was manfully at work
And in Ventry above all.

It's the radioactive rain
Of History. A deadly residue
Of starvation and Soupers.

It rises up always
Out of the ground
From underworld caves
Within us:

A cloud of hunger
A poisoned smoke
From Plutonium, the dreadful
Church of the Infernal Gods.

ENíC

An Fhoirnéis

I do sheomra-sa in aice láimhe liom
atá an t-áras cré;

dhá cheann tairbh déanta de phoirseiléin daite
is na hadharca glé-

airgid; iad ar an gcuma Mionóch, gorm is dearg,
is ag glioscarnach faoi phéint.

Tá an doras eadrainn ar leathadh, oscailte.
Éirím is tugaim faoi

ach nuair a bheirim ar an dá cheann tairbh
is amhlaidh a thosnaíd ag leá,

is ag briseadh síos ina mionrabh agus ina gciota fogha
rud a chiallaíon

nách bhfuil t-am ceart fós ann; nílim ullamh dó,
ní fiú mé . . .

Romham amach chím béal na foirnéise
ar leathadh os ár gcomhair,

é ag spréacharnach le lasracha craoraca is sinn
ag siúl trína lár,

é á chothú le pic is le barrach
go hairde naoi mbanlámh

The Furnace

An earthenware vessel-womb
sits with you in the ensuite room.

The heads of two bulls baked in porcelain,
four horns a-gleam from the stain.

Their pattern Cretan, red and blue, a silvery blaze
shimmering under the glaze.

The connecting door is swinging free,
I stand up and go in to see,

but the minute I reach the two bulls
they begin to dissolve into pools

and to crumble into atoms and smithereens,
all of which evidently means

I am not yet fully under thumb,
and the perfect moment has yet to come.

Now the mouth of the kiln has opened wide
spreading before me on every side,

flames of blood are spewing out
where both of us must set our foot.

It's been fed with pitch and flaxen twine,
built up in cubits to forty-nine.

ar dhathad. Ag brúchtaíl deannaigh is tine smúitiúil
ach dála Azairias,

an Macabaéach is a chuid compánach, tá an t-aingeal farainn
ansúd go lá

ag scaipeadh leoithne cumhra gaoithe tharainn
is brat drúchta ina lár

chun go dtiocfaimíd tríd an triail seo claochlaithe
is lán de thorthaí na ngrást.

It is belching fumes and toxic cloud
but, like Azaria the Macabee and his crowd,

a spirit joins us throughout the night
stirring fresh breezes to left and right

until we are bathed for the change we face
as fruit by dew, as power by grace.

MMcG

Daifné agus Apalló

Nuair a ling an dia id' ghaobhar
ag breith barróige ort; é chomh híogair
le cú ag tóraíocht ghiorria ar ghort maol,
do theithis ar dtúis, ansan do chas ar do shál
is chuiris do chos síos.

B'in a dhein crann díot. Do phréamhaigh
do bhonn go dlúth sa chré laistíos díot.
D'fhás coirt éadrom thar do ghuaillí aniar
mar chíochbheart. Dhein duilliúr glas ded' ghruaig
a ghluais go craobhach. Dhein géaga crainn
ded' ghéaga. Níor fhan ded' shnua daonna
ach an loinnir fhaon.

Do char an dia t'adhmad fiú.
Do bhraith sé fós do chroí
ar tinneall i gcónaí i measc na ngéag.
Do phóg sé do bhrainsí amhail is dá mba
lámha iad. Gheall sé gur ag do chrann labhrais
a bheadh an svae i gcomhthaláin
is i gcomórtaisí. Gurb é a bheadh mar choróin
ar cheann buaiteoirí.

Ach glacaimís leis, ar son na hargóna,
nár dhiúltaís dó. Gur phlab comhlaí
do chroí ar dianleathadh, in ionad dúnadh
i gcoinne comhacht na heipeafáine.
Nó cad a tharlódh? Ní hamhlaidh a réabfadh sé
tríd' chroí is trí t'ae; ar éigean
a ghabhfadh tú le neart fóiréigin. Tar éis an tsaoil
is é dia na gréine é, a bhronnann
scallaí inspioráide orainn mar fhéirín.

Daphne and Apollo

When the arch-poet made a play for you,
like a bloodhound nosing a hareless scent,
your race from him froze in a skater's pirouette,
a music-box arabesque, a twig that bent.

The veins of your foot spread out into the clay,
a lacy skin coated your breasts, leaves
flowed in the branches of your hair, a wooden
torso sucked in your arms and legs:
your mortal soul floated where the tree shone.

The immortal traced even the grain of your timber
sensing your frightened pulse in the warm boughs
kissing each as if it were one of your wrists;
the laurel hands that joined to crown
triumphant heads celebrated his passion . . .

But just say, for the laugh, you had played
along; that the door-leaves of your heart
had jammed wide open, instead of their floodgates
locking against that epiphanic assault —
what would have been the result?

Is ar maidin nuair a thaibhsíonn an dia céanna
aniar thar íor is mullach ard na sléibhte,
músclaíonn sé an ghaoth a chorraíonn uiscí na bóchna.
Cuireann an ceoltóir a lír i dtiúin is i gcordaibh.
Péacann an nathair uisce a cheann fiosrach in airde.
Canann na héin.   Labhrann fiú an eala mhaon.

He wasn't the liver-tearing, date-rape type,
but the sun-god pouring inspiration-grace,
displaying himself at such a morning peak,
he would rouse the wind that moved over
the face of the deep. When this harpist
tautens his strings, the water snake
stands to attention; at this dawn
chorus, silence spills like a swan.

MMcG

Clabhsúr

. . . is ansan,
lá
do bhailibh an dia leis.

D'éirigh ar maidin le fáinne an lae ghléigil,
rug ar a rásúr, a scuab fiacal is a *thravelling bag*
is thug dos na bonnaibh é.
Bhí daoine lasmuigh de thigh Challaghan sa Daingean
tráthnóna Sathairn a chonaic ag gabháilt soir é
agus paca ar a dhrom.

Chualasa leis, mar a bheadh i dtaibhreamh,
é ag gabháilt thar bráid,
a scol amhráin is a phort feadaíola aige
faoi mar a bheadh óbónna i dtaobh thíos den stáitse
'is é an dia Hercules, a ghráigh Anthony,
atá á fhágaint' —

Anois táim folamh, is an poll seo i mo lár
is n'fheadar cé líonfaidh é
nó cad leis? Dá mb'áil liom é a leanúint
ins an mbóithrín achrannach . . .
ach ó, is fada fairsing í Éire
is tá iallacha mo bhróg gan snaidhm.

Closure

. . . and then
one day
the god departed.

He rose up with the dawning of the day,
Took his razor, his toothbrush and his overnight case
And did a runner.
People outside Callaghan's in Dingle
On Saturday afternoon saw him heading east
A pack on his back.

I heard him passing too, though as if
In a dream, a voice
Singing and a scatter of notes on the whistle
Like the sound of oboes within the stage
*'Tis the god Hercules, whom Antony loved
now leaves him —*

Now I am empty, and this space within me —
I can't tell what might fill it
Or how. If I might follow him
On that perilous byway
Dishevelled, with shoes untied . . .
But the length and breadth of Ireland I can't walk over.

ENíC

Faisnéis na hAimsire Inmheánaí

Chonaic sí tírdhreach inmheánach
a bhí cosúil lena paróiste féin
ach é bheith chomh clochach le Conamara.

I measc na gcarraig bhí stocáin mharbha
is stumpaí crainn ábhalmhóra.
B'uafásach an chaor nimhe
a leag an bhleaist orthu. Splanc tintrí,
ní foláir, a dhein an díobháil
a bhain ó thalamh is a réab an t-ionathar astu.

Bhí gírle guairle nó sí gaoithe
ag gluaiseacht go mear ina treo
is bhí rud nó duine éigin diamhair
folaithe istigh ina lár.
Cheap sí gurb fhuraist an rud
roinnt comhréireanna difriúla a leagadh
ar an bhfeiniméan —

á rá gur ceann des na *Mighty Morphin Power Rangers* é,
an dream a bhíodh ag baint na meabhrach
gach lá dá clann is a súile beaga géara aibí
greamaithe leis an dteilifíseán.

Nó d'fhéadfá gabháilt i leith an dúchais
is a rá gurb é fathach na seacht gceann
na seacht mbeann is na seacht n-eireaball
a bhí ag tabhairt truslóga diana
anois faoina déin; é ag cur na clocha beaga
is na scraithíní féir
mar chith trom lastuas di.

X-Ray Weather Bulletin

She saw the world within her
as a mirror of her own parish,
but built of Connemara stones.

Strewn through the boulders, the lifeless
trunks and stumps of giant trees.
The thunderbolt that felled them
must have been terrific,
the lightning that did the mischief,
ripped them from the earth,
cut the tripe out of them.

An eerie twister or tornado
was whirling even as she stood,
some hidden force or genie
tucked into its centre.
She thought she would have no problem
applying different lingos
to this phenomenon.

You could put it down
as one of those Mighty Morphin Power Rangers,
that lot doing the heads in daily
of her kids with their wasted points
of pupils nailed to the television screen.

In classic statement it might be a seven-headed,
  seven-horned and seven-tailed Cyclops
hurling a causeway at her,
kicking up a bumpy airstrike
of pebbles and peat lumps into her face.

Nó samhlaigh ansan é i dtéarmaí an Bhíobla —
gurb é a bhí chúichi ná stoirm ghaoithe
ag séideadh aduaidh, néal mór
agus solas uime; tine ag spréacharnach
gan stad agus i lár na tine
faoi mar a bheadh prás buí ag drithliú . . .
D'fháisc sí a seál timpeall uirthi is dúirt —

'Ní haon Eizicéil mise agus is léir
nach bhfuilim ar tinneall marcaíocht nó síob
a lorg in aon charbad tine
dá fheabhas a rothlaí roithlim is na ceiribíní
ar foluain ar a imeall. Tógfad comhairle
mo dhochtúra is ní dhearmhadfad
na taibléidí a shlogadh gan teip gach maidin.
Sínim anuas ón seilf uachtarach
an buidéal Stelazine is ná raibh maith agam.'

Ba é a chiallaigh seo sa taibhreamh
ná gur loirg sí poll tráthair di féin
faoi chab cloiche. Áit go mbeadh fothain aici
ós na fóidíní gabhaidh a bhíonn ag imeacht de shíor
faoi chosa an arrachtaigh is ná stadann
trí mhóinte corraithe, bogaithe, bánta,
go mbaineann siad lao droimeann buí
as an mbó dhroimeann uaithne
ná feacaigh aon tarbh ina súile riamh
rogha bheith inti nó aisti.

Or in Biblical symbol a freak storm
landing in from the north, a spreading
cloud with a light inside,
an all-night fire and at its core
a sort of yellow brass a-gleam.
She fastened her shawl more tightly
and replied:

'My name is not Ezekiel, nor am I about
to hitch a ride in any chariot of flame,
should its wheels be coming down with cherubim
bouncing on their rims.
I will stick to my shrink's counsel
and, without fail, throw back the tablets
every morning, stretching up to the Stelazine
shelf, for all the good it does me.'

Which means in the dream
that she knocked up a tiny
pinprick of a hole for herself
on the lining of a rock's lip
as a shield from the endless stream
of clods ploughed up by those gargantuan
feet, barging on through moor and mire
and marsh and mallow, till they induce
a yellow white-backed calf
out of a green white-backed cow
that never in her natural gave the eye
or come-on to any bull to wonder
whether to jump on her or no.

Ba mhar sin a scaoil sí thart an chamfheothain
ionas nár scuabadh í suas ina baclainn.
Bhí sí ullamh chuige. Bhí faisnéis na haimsire
inmheánaí aici roimh ré; 'fórsa gálach á thuar
fan cóstaí na hÉireann; ó Cheann Málainne
go Ceann Aontroma go Carn Uí Néid.
Lá fuar gaofar atá geallta inniu dúinn.
Gaoth aniar aneas. Baol toirní.
Beidh sé ropánta.'

It was thus she let the bandylegged,
gusty beast go past, without being swept up
in its bent arm — she had the lowdown on it,
hearing the inner forecast in advance:
'Gale forces threatening the whole Irish coast,
from Malin Head to Ben Mór to Carnsore.
Cool south-westerlies, possible thunder.
A wild and blustery day is to be expected,
not a day to make the lint blow.'

MMcG

Oscailt an Tuama

Nuair a hosclaíodh tuama mo shin-seanmháthar
a bhí ar thalamh m'aintín
shuigh an tseanbhean suas ann
chomh beo beathúch beannachtach
is a bhí sí ina seanléim.

Bhí sí croíúil, aibidh
ach níorbh í an bhean óg í
a bhí inti nuair a céadchuireadh ann í
tar éis í a chailliúint ina púr mhór
de dhroim a tríú linbh
céad éigin bliain ó shin.

'Chonac tú ag féachaint níos fearr,'
a dúirt an fear ba chríne farainn,
go raibh breacaithne éigin aige uirthi
as a óige
nuair a bhí sé fós ina gharsún.

'Ná ní haon ionadh é sin,'
'a dúirt sí leis gan puinn dá mhearbhall.
'Núthar táim caillte curtha
le céad éigin bliain
is dála an scéil,
ní haon sicín lae tú féin ach an oiread.'

Do gháireamair is do dhein lúcháir
leis an iontas a bhuail sinn
is do scaipeamair poitín
is pióga mionra is úll
ar na slóite a tháinig.

Opening the Tomb

When they opened up my great-grandmother's tomb
On my aunt's land
The old woman sat up,
As alive, as lively, as pleased with life
As the best day she'd ever been.

She was strong and sharpwitted,
But not the same young woman
That they had buried there
After dying, a great loss,
Bearing her third child,
A round hundred years before.

'I've seen you looking better,'
Said the oldest man among us,
Who had known her a bit
In his own youth
When he was only a lad.

'No wonder then at all,'
She answered him, not one bit phased,
'After being dead and buried
For a hundred years or so —
And while we're on the subject,
You're no spring chicken yourself.'

We laughed and celebrated,
Caught with the wonder of it,
We gave out poitín,
Mince pies and apple pies
To the crowds that came to see.

Bhí an tuama le dúnadh arís
ar an dtríú lá
is do chuir sí in iúl dúinn go fuaimintiúil
é a scríobadh is a scrabhadh
ó bhun go barr
is gan aon ruainne
salachair a fhágaint ann.

Dá dtitfeadh sram as súil
nó smuga ó shrón
nó sailchnis ó cheann aon duine againn
do bheadh buannaíocht ag an saol seo
ar an áit
is do lobhfadh
a raibh istigh ann.

Bhí go maith
is ní raibh go holc
is nuair a tháinig uair na scarúna
d'fhágamair slán léi
is do dhún an chomhla síos go daingean
mar a bhí curtha i luí gaidhte aici orainn.

Is do chomhlíonamair na horduithe
a leag sí síos dúinn —
suí ar thulach,
trí gháir mhaíte a ardú
is ár n-olagón a dhéanamh
go fada bog binn,

We would have to close the tomb
On the third day
And she gave us all our orders
To scrub it and polish it
Top to bottom
And to leave no speck
Of dirt or dust in it.

If there fell a scrap of dirt
From an eye or snot from a nose
Or dandruff from anyone's hair
This world would get possession
Of the place
And all it contained
Would rot away.

It was well
And it was not ill
And when the time came for parting
We said farewell to her
And shut the coffin down firmly
As she had strictly bidden us.

And we followed the directions
She had laid down for us:
To sit on a hilltop
To raise three shouts of praise,
To make her lamentation
Long and musical,

is gan é a bheith de mhí-ádh
ar aon mhac mallachtan
dearmad a dhéanamh
ar a cluichí caointe a reachtáil
gach bliain anuas
go dtí an lá inniu féin.

'Cluichí Caointe na Mór-Mháthar'
a thugtar orthu san riamh ó shin
agus is i Mí Mheán an Fhómhair
a chomórtar iad linn.

And to let no miserable
Son of misfortune
Fail or forget
To hold her funeral games
Every year afterwards
Down to the present day.

'The Great Mother's Funeral Games'
They are called ever since,
And it is in the month of September
They are held, with us, today.

ENíC

Ceol

Maidin sa leaba, cé thógfadh orm é?
Nach bhfuil mo shaol go léir caite agam
ag tiomáint leanaí gramhsacha ar scoil.
Inniu an Satharn agus táid i bhfad uaim
is mar leithscéal breise is mar bharr iontais
tá sé ag cur sneachtaigh ar fuaid faid
agus leithead na hÉireann.

Brúim mo mhéar ar chnaipe agus tá R na G
ag tabhairt faisnéis na haimsire don lá inniu:
'Tá na bóithre ina ngloine, go háirithe san Oirthear.
Tá an mórbhóthar go Baile Átha Cliath ina reoleac
agus tá na mionbhóithre go léir faoi shneachta.
Beidh sé fuar agus gaofar.
Titfidh ráigeanna sneachtaigh ar fuaid na tíre
i rith an lae. Beidh na bóithre sleamhain
i scata áiteanna. Ní ardóidh an teocht
thar an reophointe. Tá fógra gála eisithe.'

Brúim arís is tá an BBC, Raidió a Trí,
ag líonadh an seomra le ceol gealgháireach —
'Las Cantigas de Sancta Maria' ón Spáinn sa tríú céad déag.
Is léir an bhuntsraith Mhúrach leis na haeranna.
Tá ceol 'arabesque' an lae inniu féin
is seanmnaí fada na nArabach
le clos laistiar de, cé nach móide go dtaitneodh
smaoineamh dá leithéid leis an Rí Alfonsó a Deich
a thiomsaigh iad is ba chúis lena mbailiú.
Is cuma; fiú agus an seicteachas abú
maireann an ceol agus tugann sé leis an lá.

Music on the Air

A morning lying late, and who would grudge it?
Do I not spend my entire life
Driving complaining children to school?
This morning they are far away,
And as an extra, delightfully,
Snow is general
All over Ireland.

I push a button, and Raidió na Gaeltachta
Is giving the weather forecast for the day.
'The roads are like glass, in eastern counties especially.
The main road to Dublin is a sheet of ice
And minor roads are all blocked by snow.
Snowstorms are expected throughout the country
During the day. The roads will be slippery
In many places. The temperature
Will remain below freezing. A gale warning has been issued.'

I push again, and the BBC, Radio 3,
Is filling the room with joyful music —
'Las Cantigas de Sancta Maria' from thirteenth-century
    Spain.
I can hear the Moorish voice under the airs,
The arabesque music of today
And the long-drawn-out songs of the Arabs
Sounding behind it although the King of Castille,
Alfonso the Tenth, who collected and noted them down,
Would not be too pleased to hear it if he were told.
No matter; even under sectarian power,
The music lives on and wins the day at last.

Éirím.
Tá an spéir chomh glan, an domhan chomh folamh.
An dúthaigh máguaird athraithe ó thalamh.
Braithim chomh dúr, im' phár ullamh
le scéal mo bheatha a rianú air.
Tá an ceol go hálainn.
Cloisim an ghrian ag éirí ann
is í ag rince fá thrí sa spéir
maidin fhuar reoite díreach mar í seo
seacht gcéad éigin bliain ó shin
sa Spáinn. Cuireann sé
dathanna is foirmeacha ar foluain
im' mheabhair
atá chomh bán le páipéar,
chomh glan, éadóchasach,
le baile fearainn tréigthe ón nDrochshaol
atá clúdaithe le sneachta.

I get up.
The sky is so clear and the world so empty,
The countryside around has changed entirely.
I feel so solid, like a sheet of paper
Ready for the marks of my life story.
The music is marvellous.
I hear the sunrise in it
And the sun's triple dance in the sky
On a frozen morning just like this one
Maybe seven hundred years ago
In Spain, it brings
The colours and shapes at once
Shining into my mind
That is white like paper,
Clean and despairing
As a deserted Famine townland
Covered over with snow.

ENíC

Banríon an tSneachta

Leathnaíonn an néal dóláis ar mo chroí,
faoi mar a leathnaíonn brat smúite ar an gclabhar:
lá i ndiaidh lae titeann oiread na fríde síos
go dtí go ndúisíonn tú maidin amháin is tá an t-ualach ann.

Nó faoi mar a leathnaíonn sneachta ar an ndíon
fleaiteáilte atá lasmuigh d'fhuinneog an tseomra leapan.
Méadaíonn na calóga bána ina gceann is ina gceann
go dtí go bhféachann tú suas is seo chughat Banríon an
    tSneachta

ag sméideadh ort, ag fógairt duit teacht léi
go hallaí fuara feannaideacha a páláis
ag an Mol Thuaidh. Tá, istigh ina lár, lochán
an réasúin is é calctha chomh cruaidh le stán.

Is ar an lochán oigheartha sin suím síos
mar a bheinn ag caoineadh is ag cáiseamh cois sruthán
    Bhaibealóine
ach amháin nach deora a shileann ó mo cheann
ach dánta is dréachta is iad reoite ag an bhfuacht.

Is tusa, a ghrá ghil, go bhfuil na fabhraí dubha ort,
na leicne arda, an ghruaig lonrach is an taobh
is míne ná an síoda a luíonn i mburlaí i siopaí éadaigh,
dá mbéarfá barróg orm, nó le do dheora mé a théamh.

Nó dá mbeadh uimhir ghutháin agam, fiú, go bhféadfainn
    glaoch ort,
go ndéanfainn mo ghearán leat, ag olagón go fada bog binn,
go gcloisfinn do ghuth meala ag gluaiseacht tharam ina
    shlaodaibh:
'Cruinnigh do mhisneach, a chailín. Cuimhnigh ar do ghail
    is do ghníomh.'

The Snow Queen

Sorrow's blanket knits up over my soul
as a mantelpiece of grime builds up on the fireplace,
each day adding its own speck of dust,
till you wake one morning to find you can't budge.

Or as snow piles up on the flat roof
just outside the bedroom window.
The white flakes put their heads together
until you look up and discover the Snow Queen

smiling over, beckoning you to come with her
to the bitterly cold halls of her palace
at the North Pole. In the centre of which
the Lake of Reason is frozen to solid marble.

I sit myself down at this icebound shore
as if to weep by the waters of Babylon,
but it's not tears that drop from me
but lines of poetry chilled by the frost.

As for you, snowy love, with your dark lashes,
your high cheekbones, and glossy hair,
your body as sensuous as silk shirts
in the shops, if you could hug me warm

with your tears, or if I even had a phone number
to give you a buzz and pour out my troubles to you,
long and sweet, to hear your gorgeous orgasmic
answering voice say, 'The force be with you, baby!'

MMcG

Tusa

Is tusa, pé thú féin,
an fíréan
a thabharfadh cluais le héisteacht,
b'fhéidir, do bhean inste scéil
a thug na cosa léi, ar éigean,
ó láthair an chatha.

Níor thugamair féin an samhradh linn
ná an geimhreadh.
Níor thriallamair ar bord loinge
go Meiriceá ná ag lorg ár bhfortúin
le chéile i slí ar bith
ins na tíortha teo thar lear.

Níor ghaibheamair de bharr na gcnoc
ar chapall láidir álainn dubh.
Níor luíomair faoi chrann caorthainn
is an oíche ag cur cuisne.
Ní lú ná mar a bhí tinte cnámh
is an adharc á séideadh ar thaobh na gréine.

Eadrainn bhí an fharraige mhór
atá brónach. Eadrainn
bhí na cnoic is na sléibhte
ná casann ar a chéile.

You Are

Whoever you are, you are
The real thing, the witness
Who might lend an ear
To a woman with a story
Barely escaped with her life
From the place of battle.

Spring, the sweet spring, was not sweet for us
Nor winter neither.
We never stepped aboard a ship together
Bound for America to seek
Our fortune, we never
Shared those hot foreign lands.

We did not fly over the high hills
Riding the fine black stallion,
Or lie under the hazel branches
As the night froze about us,
No more than we lit bonfires of celebration
Or blew the horn on the mountainside.

Between us welled the ocean
Waves of grief. Between us
The mountains were forbidding
And the roads long, with no turning.

ENíC

Filleadh na Béithe

A dúrtsa leis an dia
mar a déarfadh mo leanaí
i bpatois Ghaelscoileanna Bhaile Átha Cliath,
'Féach anseo, tusa, faigh as!

'Níl sé féaráilte.
Táim tar éis bháis, geall leis,
mo sparán is lán mo mhála goidte.
É seo go léir tíolactha
mar íbirt dhóite ar t'altóir-se
is cad tá fachta agamsa
ina éiric-san?'

Is an chéad rud eile
do sheol sé chugham tú.
Siúlann tú isteach im' chroí
chomh neafaiseach, chomh haiclí,
amhail is nár fhágais riamh é
ar feadh na mblianta.

Suíonn tú sa chathaoir
uilleann is compordaí
agus is teolaí le hais
na tine. Tá sceitimíní
áthais orm timpeall ort.

Faoi mhaide boilg as tsimléara
is faoi chabha an staighre,
geofar láithreach
na coda beaga.

The Prodigal Muse

As I said to his godship,
to quote my little horrors,
in the *Bunscoil* lingo,
'You can bugger off, dickhead!

'It's all a cod —
I'm practically at death's door,
not a penny to my name,
sacrificed as a penance
on your damn altar,
and what the hell
have I got to show for it?'

Whereupon he ups
and lands me with you.
You saunter back in
as cool and dandy
as if you'd not been
on your travels
since the Lord-knows-when.

You sit yourself down
in your old favourite armchair
pulled up to the fire.
I come out in
an all-over body-rash,

my erect nipples
in for a nuzzling
by the stomach of the chimney
stack, or the cubby-hole
under the stairs.

MMcG

Primavera

D'athraigh gach aon ní nuair a ghaibh sí féin thar bráid.
Bhainfeadh sí deora áthais as na clocha glasa, deirim leat.
Na héanlaithe beaga a bhí go dtí seo faoi smál,
d'osclaíodar a scornach is thosnaigh ag píopáil
ar chuma feadóige stáin i láimh gheocaigh, amhail
is gur chuma leo sa diabhal an raibh nó nach raibh nóta acu.
Bláthanna fiaine a bhí chomh cúthail, chomh humhal
ag lorg bheith istigh go faichilleach ar chiumhaiseanna
na gceapach mbláth, táid anois go rábach, féach an falcaire
fiain
ag baint radharc na súl díom go hobann lena réiltíní craorag.

Bhíos-sa, leis, ag caoi go ciúin ar ghéag,
i bhfolach faoi dhuilleog fige, éalaithe i mo dhú dara,
ag cur suas stailce, púic orm chun an tsaoil.
Thógfadh sé i bhfad níos mó ná meangadh gáire
ó aon spéirbhean chun mé a mhealladh as mo shliogán,
bhí an méid sin fógartha thall is abhus agam roimh ré.
Ach do dhein sí é, le haon searradh amháin dá taobh,
le haon sméideadh meidhreach, caithiseach, thar a gualainn
do chorraig sí na rútaí ionam, is d'fhág mé le míobhán
im' cheann, gan cos ná láimh fúm, ach mé corrathónach,
   guagach.

Primavera

Her ladyship hitting the scene
has fairly banjaxed me —
I swear, she'd split the sides laughing
of the dourest oul' stone.

The weeest birds that had to toe the line
have all got a licence to sing their hearts out;
like a fourteen-year-old with a tinwhistle
they couldn't care less if they haven't a note
between them.

The wild flowers that butter wouldn't melt
in their mouth, hanging around
the borders, have taken over the beds;
there's the pimpernel, knocking the eye
from my head with its ruddy fireworks.

I wasn't at myself at all, feeling out
of it, my bushel under a fig-leaf,
down in the dumps, a chip on my shoulder,
fed up to the teeth.

And the world and its granny knew
it would take a damn sight more
than a sexy smile from a bit of stuff
to get my defences down.

But she did the trick; with a single squirl
and one casual, suggestive sideglance,
she wiped the floor with me, took the feet
from under me, put my wits astray
till I'm stuck wide-eyed and legless.

MMcG

An Slad

Sheas Bean an Leasa
ag an doras tráthnóna.
D'fhéach sí in airde sa spéir.
Chonaic sí go ndéanfadh sé
an-oíche bradaíochta
is go raibh an aimsir faoi dhó.

Labhair sí thar a gualainn
isteach ar na fearaibh
ag meargú fúthu,
á bpriocadh is á saighdeadh
chun a thuilleadh díobhála.
Sa deireadh chuir sí cealg iontu.

Dúirt sí 'Is maith an t-ábhar an oíche
dá mba mhaith na fiagaithe na fir.
Tá sí spéireanach, réiltheannach
gan a bheith fliuch
agus dá mba ormsa a bheadh an bríste
ba mhaith an chaora a bheadh agam ón gcnoc.'

B'shin a raibh uathu.
Do thugadar sciuird chuthaigh
is do dheineadar cosair easair den dúthaigh.
Do bhíos-sa go mí-ámharúil sa bhealach rompu
i mo chaoirín odhar mhaolchluasach.
Do ropadar mo mhuineál, do ghearradar mo speireacha.
Do chuireadar poll is fiche i mo sheithe.

Slaughter

The iron lady stood
at her door one evening
searching the high heavens.
She saw the night would
be just cut out for thieving,
the weather crisp and even.

She hinted as much
back over her shoulder
to the boyos within,
with her elbowing touch
digging them bolder
and egging them on to her sin,

taunting: 'This has the guts
of a right piece of action
if any of you lot had balls.
There's a sky bright with stars,
not a spit of a shower,
and if it was me calling the shots,
I'd have a fine ewe already from the hills.'

That did it — they got their jeeps
and bulldozed the estate.
It was my hard luck to be in the street,
a brown-coated, crop-eared sort of a sheep,
so my neck got broken, my knees got capped,
one-and-twenty bullet-holes left in my meat . . .

Is a Bhean an Leasa
arbh fhiú an róstadh?
Ar chuir sé do dhóthain póite
ar do bholg?
Ar bhainis aon tsúp
as mo chrúibíní néata?
Ar chuimlís aon gheir
le do thóin?

Now, iron lady,
was I worth the roasting?
Did I add an inch to the shape
of your waistline?
Did you taste the soup
from my handsome knuckles,
wipe enough of my oil
into your buttocks?

MMcG

Tsunami

13 Nollaig 1942

Anoir is aneas, thar Bharra na hAille
a bhuail an t-ólaí ard. Ba mhór an radharc é.
Bhí daoine i dtigh mo mháthar, thoir sa Phaddock

a d'éirigh amach ar maidin chun dul ar Aifreann,
is nuair a bhuail an turlabhait anuas sa díon orthu
do thugadar tuairim go raibh sé mós beag fliuch chun dul
    amach.

N'fheadradar rud do ná gur thulca tréan báistí é.
John Nelligan a bhí thuas in aice an bhóthair, i mBaile Móir,
is é ina sheasamh amuigh ina ghort fhéin, ag féachaint sall

'on Phaddock, dúirt sé ina dhiaidh sin, an tigh a bhí leath-
    mhíle
suas ón bhfaill, s'ann a fuair sé radharc air idir dhá thonn
is ansan go hobann bhí sé imithe as radharc arís.

Níor fágadh falla ná claí ach futa fata anso is ansúd
dhá mhíle slí ar fhaid ar fhaobhar na faille. Lárnamháireach
fuaireadar bric éisc is coirc is líonta ar thairsing na
    bhfuinneog ann.

A leithéid níor tháinig riamh le saol na saol.
Leag sé cloch mhór a bhí thall sa Pháirc Mhór le cuimhne
na sinsear. Bhí céad tonna *weight* ann, gan dabht ar bith,

is tógadh go hiomlán ó thalamh í. Caitheadh colmóirí,
ballaigh, gleamaigh is pollóga aníos ar an mbóthar.
Do bhailigh na daoine iad is do chuireadar síor 'on phota
iad,

Tsunami

13 December 1942

From the southeast, by Barra na hAille
The great wave struck. It was a desperate sight.
People in my mother's house, over in the Paddock,

Were up that morning to go out to Mass,
And when the rattle of it struck the roof
They decided it was too wet to be going out

Thinking it was just a great burst of rain.
John Nelligan lived up beside the road in Baile Mór;
He was standing out in his field looking over

At the Paddock, and said afterwards that the house
That he knew was half a mile from the cliff-edge
Appeared between two waves, and disappeared again.

Neither wall nor fence was left, only scattered fragments
For two miles along the cliff. On the next day
They found fish, cork and nets on the windowsills.

Nothing like it had been known in the ages before.
A great stone standing in the Big Field from time immemorial
Was thrown down; it certainly weighed a hundred tons

And it was lifted out of the ground. Hake,
Lobster, pollock and all sorts of fish landed on the road
And were scooped up and hurried into the pot

ach ní raibh aon mhaith iontu chun bídh. Bhí dath
    dúghorm
ar an bhfeoil nuair a bheireofá é. Mar sin féin thug Joe
    Keevane
na Ráithíneacha ráil iomlán muirín bídh isteach 'on
    Daingean leis

is bhí sciobadh orthu. Na cairteacha a bhí amuigh ar na
    buailtíocha
sa Chuaisín, fuarthas tráthnóna thoir ag Baile an Ghóilín
    iad.
Bhí cuid des na daoine imithe suas an staighre ag an uisce.

Cruach mhóna a bhí déanta ag Fitzie na Cathrach thall sa
    duimhche
do sciobadh uaidh ar fad é, tar éis a bhfuair sé riamh dá
    dhua.
Bhí caoirigh ar an dtaobh thíos de bhóthar thiar i bhFán

is do ritheadar ina choinne, in ionad teitheadh leo ón uain.
(Ar ndoigh, níl ciall ná meabhair i gcaoirigh i dtaobh na
    haimsire.)
Timpeall ar naoi ar maidin an t-am ba mheasa é.

Ní raibh éinne siúráilte in aon chor cathain a stopfadh sé.
Cheapadar gurb é deireadh an domhain é, nó b'fhéidir an
    Díle
Bhí tonntracha ag imeacht n'fheadar cé mhéid binn tí in
    airde sa spéir.

But they weren't any good as food. The flesh was navy blue
When it was boiled. All the same Joe Keevane
From Na Ráithíneacha took a cartload of scallops in to
  Dingle

And they were in high demand. The carts that were out by
  the dung-heaps
At Cuaisín, were found in the afternoon over at Baile an
  Ghóilín.
Some of the people had to move upstairs from the water.

Fitzie from Cathair had built a stack of turf on the bog —
It was carried away after all his trouble out cutting it.
There were sheep down below the road westward in Fán

And they ran straight into the tide instead of getting away.
(But it's well known that sheep have no sense at all about
  weather.)
About nine in the morning it was at its worst.

Nobody had an idea when it was going to stop.
They thought it was the end of the world or perhaps the
  Deluge.
The waves were going high as two houses into the air.

Deir siad go dtáinig a leithéid aon uair amháin eile breis is
  céad bliain
roimhe sin, ach ní raibh éinne suas anois a d'fhéadfadh
  cuimhneamh air.
Fuair mo mhuintir an diabhal de dhalladh uaidh is an aon
  ionadh é mar sin

go bhfeicimse go minic trím' thaibhreamh chugham aniar an
  tonn?
Bíonn sé ag gabháilt lasnairde den dtigh ina mbíonn mo
  chlann
is mise ar thaobh na fothana den uain. Bím as mo mheabhair

ag iarraidh teacht orthu is iad a tharrtháil is a thabhairt saor
ach ní féidir liom dul in aon ghaobhar dóibh le heagla ón
  dtonn,
Nó cloisim corruair ar fhógra na haimsire tar éis na nuachta
  í a bheith chughainn

gan mhoill is tosnaímíd ag bailiú ár gcuid giuirléidí.
Tá leanbh faoi gach ascaill, is sinn ag ardú málaí móra as an
  tslí,
ag tabhairt ár n-aghaidh ar an dtalamh ard díreach nuair a
  dhúisím.

They say that the same thing had happened once before,
    over a century
Earlier, but nobody living could remember it.
My family got a right hammering from it, so is it a wonder

If in my dreams a great wave comes to find me?
It is rolling over the house with my children inside
And I am on the safe side of the water. I am madly

Trying to reach them and drag them away out of reach,
But I cannot get near them because of my fear of the waves.
Or sometimes I hear on the weather forecast after the news

That the wave is coming and we all start grabbing our traps.
I have a child under each oxter and we are lifting heavy bags
    out of the way
To set out for the high ground, and exactly then I wake.

ENíC

Cadenza

Tá an t-amhránaí
  i lár an phobail
   is fós níl.
  Aithním
an glam lom
  a eascraíonn
   ó chríocha crua
    an uaignis
is na díotha.
  Foghraíonn
   an t-éamh
   ó bhonn
    an duibheagáin.
Gaibheann
  arraing
   obann
    íogair
     trím' chroí
      is trím' lár —
'wire' deilgneach
  na cailliúna
   ag déanamh
    dhá leath
     díom
mar a dhein
  an lá úd
   ar Chnoc
    Chill Iníon
     Léinín
nuair a chuala
  guth fíorbhinn
   m'iníne féin.
    Í ag cur

Cadenza

The soloist
  is lost in the crowd
    yet alone.
      I know
the pitch of that note
  cried only by
    the cruellest reaches
of utter despair,
  the reed's piped longing
    in the wilderness.
A sudden
  rapier of grief
    stabs my heart
      and breast
        as though I'd been
cut in two
  by a bit of barbed wire
    as on that far-off day
on the cliffs of Killiney
  when I heard the melody
    of my daughter's
voice
  emptying itself

a croí amach
    ar imeall
        cloiche
            ag cleachtadh
                amhráin nua
i gcomhair
    na feise:
'Tá crainnin caorthainn faoi bhun, ó, na coille seo
is beimíd le chéile go lá bán ann.'
Ní bheimíd,
    a chroí,
        ní bheimíd
            is ní bheimíd.
Go deo
    deo
        is go brách
            arís
                ní bheimíd.
Ní bheimíd
    i lár baill
        nó ar imeall
            coille
is gan de rud
    chomh neafaiseach
        neamhdhíobhálach
idir lámha againn
    le beith ag tóraíocht
        gamhna óga
ins an bhfásach.
    Níleann tú
        anseo
            anois
                inniu

from a stony ledge
        rehearsing a new tune
intended for the *feis*:
'*There's a small*
    rowanberry
        beneath yonder wood,
            where we might
be together
    till the white of day,'
        but no,
            my love, we will never,
not ever,
    ever,
        nor ever again
            will we be in the middle
                or edge of a
wood,
    with nothing as trivial
        or harmless between us
            but hunting
after young calves
    in the wild grasslands.
        You are not here
now today

le hais liom
     is na dathanna
          tiubha
               ag titim
                    anuas
ón spéir chugham.
     Na scáilí
          luatha
               ag titim
                    ar dhath
na sméar ndubh,
     ina gcaillí móra
          ag titim
               anuas
ina slaodaibh,
     ag titim
          mar shaighneáin dlútha
               ag múchadh
an éisc ionainn,
     nó mar an chaor aduaidh,
          an 'aurora borealis'
a shoilsíonn
     ins na críocha
          tuaiscearta
               a thaithníonn tú.
Canaim
     as díseart
          oighearta
               na cailliúna
                    an t-aon scol
amháin
     amhráin
          atá i dtiúin liom:

beside me
   with the dense
      multicoloured sky
       falling down
around us,
   fast falling shadows
      blackberry-coloured
       wide veils
falling down
   in swathes,
      falling like close-woven
       fishing nets
drowning the original
   fish within us,
      or the northern lights,
the aurora borealis,
   that flickers in the wastelands
   you inhabit.
I chant from the icy
   pole of deprivation
      the single and solitary
verse that fits my mood:

'Anois, a stóirín, ó tá tú ag imeacht uaim,
Is ó tharla nach tú atá i ndán dom,
Seo dhuitse póigín ar bharraibh mo chuid méar
Is a stóirín mo chúig chéad slán leat.'

'Now, my adored, that you are leaving me,
and it looks like you'll never be mine,
I blow you a kiss from the tips of my fingers,
and along with it half a thousand goodbyes.'

MMcG

Oidhe Chlainne Lir

Tá an scéal sin chomh truamhéileach
nár fhéadas riamh éisteacht leis níos mó ná aon uair amháin.
Tá rud éigin ann a chuaigh go dlúth ionam.
Tá sé róchóngarach ar fad don gcnámh.

'Stad,' a deirim, 'ná téire níosa shia leis.'
Is rómhaith a thuigim an daigh éadmhar
a ghaibh trí Aoife, an leasmháthair,
gur thug sí fuath is fíormhioscais
do chlann a deirféar.
Gur luigh sí bliain le galar bréige
ag cothú fionaíola agus meabhail ghránna.
D'éirigh ansan is dhein an diabhal dearg orthu.

'Stad,' a deirim, 'ná labhair níos mó.'
Rómhaith ar fad a d'fhéadfainn é a shamhlú —
an nóiméad sin díreach ina ndéanfaí eite ghéise
ded' ghéag. Chrapfadh rí na láimhe ort
is do thitfeadh an toitín lasta ar an dtalamh
in aice lena charn luaithe.
D'fhéachfá amach an fhuinneog
is bheadh na healtaí éan ag saighdeadh cheana féin
go hard ó dheas.

Shleamhnódh an nuachtán i dtreo an urláir uait,
is nuair a d'ardófá, mar a cheapais, do mhéar
do scuabfadh eiteoga fada glibeacha cleití
na háraistí den mbord.
Nuair a dhéanfá iarracht leithscéal a ghabháil
ní thiocfadh as do ghob ach gibiris dho-aitheanta
is ní caint a bheadh acusan thar n-ais, dar leat,
ach fothram bodhar faoi mar a bheadh claisceadal clog.

The Tragic Legend of the Children of Lir

It's a story containing such grief and pain
I can never bear even to hear it again.
There's something about it gets under my skin.
It touches a nerve that is way too thin.

Stop, I beg, don't go on with the tale,
for the jealous knife I know only too well
that entered the stepmother Aoife's breast
till she loathed her sister's brood without rest.

She took to her bed with depression a year
to plan how to rub out her nearest and dear.
And what she came up with was so bloody evil,
oh stop, I pray you, please spare me the detail.

It's all too easy to see the whole thing,
your arm being rapidly made a swan's wing.
Your forearm would bend and your cigarette fall
still glowing beside the ash-heap in the hall.

Out of the window you'd watch the birds gather
high up in droves to seek southerly weather.
Down to the floor would fall your newspaper
and, when you raised what you thought was a finger,

a shaggy, feathered, birdlike fin
would sweep the tea-things in the bin.
When you opened your mouth to say what was amiss
all that emerged was a meaningless hiss.

You could hear nothing back from the others around
but a chorus of bells and a dull sort of sound.

Ní bhfaigheann tú blas níos mó ar bhia ná ar dheoch.
Ní féidir leat breith ar scian nó ar fhorc.
Nuair a osclaíonn an doras, féachann tú suas sa spéir
ag iarraidh cuimhneamh arís ar conas a thabharfá faoi.

Leanann an chuid eile den scéal ansan go rínádúrtha —
na trí chéad bliain ar Shruth na Maoile
i dteannta do thrír dhearthár; íor na spéire
romhat gach oíche ar dhath na sméar sa bhfómhar.
Na sciathán ag reo led' thaobh is an triúr á ndíonadh
agat faoi do chlúmh is tú ceanntrom anuain.
An chaor aduaidh ag soilsiú oraibh ó am go chéile
faid is a bhíonn an ghaoth aduaidh de shíor 'bhur
suathadh.

Your interest in eating and drinking now gone,
if you even could manage a fork or a spoon.

When the door is ajar you peer up at the sky
and try to recall being able to fly.
I'll pass over everything else with a veil,
your three hundred years on the Waters of Moyle,

the three of your brothers aware every night
of the edge of the sea-line as blackberry bright,
the three of them sheltering under your down,
and your head hanging heavy, your side frozen numb,

while the fitful aurora borealis burns
through the northmost storm that turns and turns . . .

MMcG

Fionnuala

(iarchlaochlaithe)

Dá gcaithfinn faid mo shaoil
ag cuimhneamh air
is an saol atá romhainn —
trí chéad bliain ar Loch Dairbhreach,
trí chéad bliain ar Shruth na Maoile
is an trí chéad deireanach in Iorras Dhomhann
agus in Inis Gluaire —
sin naoi gcéad bliain ar fad ar muir,
'ár n-uaill le healtaibh éan,'
ní fhéadfainn ciall ar bith a bhaint den ghníomh

a d'fhág lasmuigh den dtairseach teolaí sinn,
ag caoi ar locháin reoite;
a chuir lasmuigh de pharaiméadair na daonnachta sinn,
ag plé le himeachtaí atá thar ár n-eolas;
a chiallaigh go mbeadh nádúr an éin
is a bhallaibh beatha
ag roinnt go deo linn —
an ghileacht, an muineál caol, an clúmh min,
agus an ceol glórmhar.

Níorbh fhiú riamh an t-athrú,
níorbh fhiú riamh an claochló.
Cé go bhfuil againn fós ár nguthanna daonna
a bhréagann na slóite,
ár gciall, ár gconn, ár nglórtha binne
is ár nGaeilge féin,
do thabharfainn aon rud
ach bheith saor ón mallacht,
is ós na geasaibh droma draíochta seo
a bhain ár gcló nádúrtha dínn
ag bronnadh crot agus nádúr an éin orainn.

Fionnuala

(after her change)

If I spent all my life
Thinking about it,
And all of eternity —
Three hundred years on Lake Derravaragh,
Three hundred on the Sea of Moyle
And the last three hundred in Errislannan
And in Inishglorey,
That is nine hundred years on water
Our cries among the flocks of birds
I could not start to make sense of the deed

That left us outside that warm threshold
Wailing on frozen lakes,
That put us beyond the bounds of humankind
To wrestle beyond our knowledge,
To discover that the bird's nature
And the bird's limbs
Were shared with us forever —
The whiteness, the slender neck, the soft feathers,
And the singing voice.

It was never worth it, the change,
The total alteration.
Although our human voice remains
To enchant the hearers,
Our mind, our sense, our sweet music
And even our Gaelic tongue remains,
What would I not give
To be free from the curse,
The dread laws we obey,
That took our natural shape away
And gave us the blood and shape of birds.

I gCúirt Iain Bhric

Solas geimhridh ag tonnadh ar an loch ó dheas
mar sciath airgid ár gcosaint ar shluaite an dorchadais.
Sciorrann na néalta mar ealta fia thar chnoc
á saighdeadh chun siúil ag madraí gaoithe is doininne.

Sileann an solas trí dhoras ard an tí mhóir
mar a seasann Máire Mhór NicLeoid, níon Alasdair,
ag éisteacht le méileach na n-eilit is gnúsacht na dtorc
is feadaíl chreabhar na gcos gcaol ag labhairt ón bhfionn-
    choill.

Istigh sa tigh tá fíon is puins ar chlár,
tá tinte á n-adhaint is fústar tís is greadadh acu;
tinneasaí cinn á leigheas le ribí clúmh con,
bia á réiteach is píobaireacht chaoin mar anlann leis.

Fothram capall ar sodar is siúd i raon
a radhairc ag ceann an mharcra tá an t-oidhre óg, an bile,
'Ár gcrann foscaidh finiúna,' ar sise leis an gCláirseoir Dall,
Seinn suas anois, go gcuirfeam rompu fáilte.'

Do dhein. Do rinnc na méireanna ar chrann na dtéad
is do spréach an lá faoi aoibhneas ceolta mire.
Níor chuaigh an méid sin i ngan fhios do Mhac Cruimein,
    píobaire.
Blianta ina dhéidh sin d'eascair uaidh arís ina phíobaireacht.

Do Gharech a 'Brún,
Oíche na Coda Móire, 1992

In the Great House of Ian Breac

Southward, the winter light roughens the lake,
A bright barrier shielding us from the hordes of darkness.
The coloured clouds like deer fly over the mountains,
The dogs of wind and storm are driving them on.

The light flows through the high door of the mansion
Where Alasdair's daughter stands, Máire Mhór Nic Leoid,
She hears the cry of the deer and the boar snorting,
The thin-legged grouse whistling from the ancient wood.

Within, the board is ready with wine and punch,
fires are kindling, the household is on the move,
Hangovers are being cured by the hairs of dogs,
Food is cooking, and music to give it savour.

Horses' hooves sound galloping, and now in her gaze
At the head of all the riders, the young man, the heir.
'Our vine, our sheltering tree,' she says to the Blind Harper,
'Play up now, and play a welcome to them all.'

So it was done. The fingers danced on the strings.
The day went on, lit up with the joy of music,
The Piper McCrimmon was there, and he never forgot it —
Years later it sprang up again in a tune for his pipes.

ENíC

Tráigh Gheimhridh

Tá an tráigh folamh an dtaca seo 'bhliain,
chomh sciomartha scuabtha le leac tairsinge,
sobal i dtaobh thuas di go líne barra taoide.
Is tíosach an bhean níocháin í an sáile.

Camóga, miongán capaill nó sliogán muirín
ní bhuaileann liom ar mo chamruathar
ach faid mo radhairc uaim amuigh ar an dtoinn
comhairím ocht gcinn de ghéanna giúrainn.

Snámhann siad go mómhar; an chuid eile dhínn
fanfaimíd tamall beag eile leis an mbiaiste,
le tráigheanna rabharta maisithe le trilseáin,
eireabaill mhadraí rua, sceana mara agus sagairtíní.

Winter Beachhead

This is the starkest hour of the shore
when it's purged and cleansed as a Sabbath door.
There's a brim of lather when the tide's in
as the waves go on with their day's washing.

No valved or spiralled or saucered whelk,
no mussel or scallop quiets my walk;
but I make my count, as they cease from sight,
of a head of barnacle geese, a cell of eight.

They sail in their glory; we have to bide our time
and hold out for the fullness to come —
for spring sands merry with foxes' tails,
or kelp tresses, for clam and cowrie shells.

MMcG